Wildspezialitäten

Jagd- und Tafelfreuden mit Alexandre Dumas

Fotos
Hervé Amiard

Vorwort
Gaston Lenôtre

Rezepte
Sylvie Lenôtre und Serge Gille-Naves

CHRISTIAN VERLAG

„Für meinen Vater, meinen Sohn und meine Tochter."

Hervé Amiard

„Dieses Buch ist meinem Ehemann Alain Gille-Naves
gewidmet. Seine Aufmerksamkeit, sein
weltoffener Geist und seine Kraft haben mir zu
verstehen geholfen, wie wichtig für jeden Menschen
die Freiheit und der Raum zur Entfaltung sind."

Sylvie Lenôtre

Inhalt

Erste Jagdfreuden

Als ich zehn Jahre alt wurde, durfte ich nach einigen einführenden Belehrungen zum ersten Mal meinen Vater und meinen Bruder zur Eröffnung der Jagdsaison begleiten. Dieses morgendliche Abenteuer hat sich tief in mein Gedächtnis gegraben. Die Jagdtasche meines Vaters mit der Brotzeit darin trug ich voller Stolz, meine Stiefel waren etwas zu groß geraten, und trotz meiner Müdigkeit hatte ich das Gefühl, etwas Einzigartigem beizuwohnen, als würde ich eine neue Welt betreten, eine Welt der Freiheit und der noch unbekannten Erfahrungen (diese unvergleichlichen Momente der vollkommenen Stille im Wald, der Augenblick gespannter Erregung, das Gefühl der Freiheit und des Alleinseins haben mich seither nie wieder losgelassen). Am Abend kehrten wir zurück – ohne Beute. Und während wir uns an den Tisch setzten, begann mein Vater, meiner Mutter mit dem für ihn typischen Schalk von den Ereignissen des Tages zu berichten, Erzählungen, die als „die glorreichen Abenteuer meines Vaters" inzwischen Bücher füllen könnten. Nie ließ es sich mein Vater nehmen, von seinen Heldentaten zu erzählen, die er je nach Lust und Laune

Pierre Amiard, „Sohn des Jagdfotografen", lernte schon früh, das Wild zu beobachten. Hier ist er auf seiner ersten Treibjagd in den Wäldern der Meuse (Lothringen). Er wird sich noch lange daran erinnern, wie plötzlich ein stattlicher Keiler von hundertdreißig Kilogramm seinen Weg kreuzte.

Die Jagd ist auch geduldiges
Warten, die Sinne hellwach, ein
nahezu animalischer Moment,
in dem der Mensch, lauernd auf
das leiseste Geräusch, den
flüchtigsten Geruch und die
kleinste Bewegung zwischen
dem Geäst, schließlich eins
wird mit der Natur.

mit seiner Fantasie ausschmückte und in die Länge zog. Die Geschichte von „Jules' Flinte" hat es auf diese Weise zu unzähligen
Versionen gebracht, die ich jeden Sonntag im Kreise der Familie
aufs Neue mit nicht nachlassender Freude genieße.

Am Tag bevor der Krieg begann, war mein Vater zu einer Wild-
schwein-Treibjagd eingeladen. Da er keine Jagdausrüstung besaß,
schlug ihm der Bürgermeister vor, die Flinte von Jules, dem Präsidenten des örtlichen Jagdvereins, auszuleihen. Nachdem Jules
ihm die Handhabung der Waffe erklärt hatte und der Morgen-
kaffee getrunken war, brach die Gruppe vom Gasthof meiner El-
tern auf. So fand sich mein Vater wenig später an einem Baum
postiert und wartete geduldig, dass sich die Meute langsam näher-
te. Mit der geladenen Flinte unter dem Arm, den Abzug ent-
sichert, begann er, der eher wie Nimrod „ein großer Jäger vor dem
Herrn" als ein Anfänger war, sich eine Zigarette zu drehen, als
sich durch eine unvorsichtige Bewegung plötzlich zwei Schüsse
zwischen seinen Beinen lösten. An diesem Punkt der Geschichte

angelangt, erhebt sich mein Vater jedes Mal, um die Szene vorzuführen, bereits Tränen lachend bei dem Gedanken, was nun folgen würde. Noch zitternd vor Schreck – er hatte kaum Zeit, seine Fassung wiederzugewinnen –, baute sich plötzlich ein Keiler (Größe und Alter schwanken von Mal zu Mal) vor meinem Vater auf und griff ihn an. Als ihm klar wurde, dass er keine Kugel mehr im Lauf hatte, packte er reflexartig das Gewehr und schlug mit dem Kolben auf das Ungetüm ein: Der Keiler war hinüber, der Kolben von Jules' Flinte auch. Dieses Wildschwein war das erste und letzte in der ganzen Jägerlaufbahn meines Vaters!

Es sind diese sehr persönlichen Erlebnisse, die aus mir einen passionierten Jäger werden ließen: Morgenstunden in der Dämmerung, sinnliche Erinnerungen an Landschaften, Licht, Gerüche, Freunde und Gaumenfreuden. Diese Stunden des erwachenden Tages, wenn man sich – lauschend, lauernd und beobachtend – frei und auf sich allein gestellt fühlt, sind für mich Momente des puren Glücks. Ein richtiger Jäger ist für mich nicht der, der ausstaffiert mit Uniform und bedruckter Schirmmütze hektisch durchs Revier rennt; noch weniger der, der ohne Rücksicht auf Fauna und Flora nur ein Ziel kennt: wahllos töten nur um des Tötens willen. Nein! Ein echter Jäger ist jemand, der mit seinen Jagdkameraden an Ort und Stelle verharren kann, ohne auch nur einen einzigen Schuss abzugeben, jemand, der sich beobachtend in die Natur einfügt und mit Respekt das Wild und sein Verhalten studiert.

Erst kürzlich erlebte mein Sohn im Departement Meuse seine erste Treibjagd und war nicht einmal überrascht, als ein stattlicher, einhundertdreißig Kilo schwerer Keiler seinen Weg kreuzte. Ihm ist die Freude dieser unvergesslichen Erlebnisse anzumerken. Und schon heute warte ich voller Ungeduld auf den Tag, an dem ich ihn mit auf die Jagd nehme, so wie es mein Vater mit mir tat – die Jagdtasche mit der Brotzeit über die Schulter gehängt, alle Sinne hellwach …

Hier sind sie also, die Jagdfreuden eines Jagdfotografen oder Fotografiejägers, gesammelt in vielen Jahren, Geschenke des Lichts und der Gunst vieler Stunden.

HERVÉ AMIARD

Lange Zeit Rivalen der Jagd, sind Mensch und Hund mittlerweile ein unzertrennliches, sich gegenseitig ergänzendes Gespann geworden. Die römische Göttin der Jagd, Diana, ging nie ohne ihre Hunde auf die Jagd.

Jagderzählung

Der Hirsch ist eines der wenigen jagdbaren Nutztiere, das tiefe Laute (das Röhren) ausstößt, um seinen Rivalen und dem Rudel, das er führt und beschützt, die Grenzen seines Reviers zu signalisieren.

Als meine Tochter Sylvie meine Bibliothek plünderte, um ihre Kenntnisse über Wild zu vertiefen, ahnte ich bereits, dass sie eine Überraschung ausheckte. Nach ein paar Wochen der Lektüre, darunter waren auch die Erinnerungen des Jägers Alexandre Dumas, begann sie mich mit den Ähnlichkeiten zu necken, die sie zwischen diesem bedeutenden Mann und mir ausfindig gemacht hatte. Ich war gerührt. Unsere Mütter waren beide gelernte Köchinnen, die ihre Kinder auf dem Land großgezogen hatten. Meiner Mutter Eleonore sei Dank, dass mein Bruder Marcel und ich die Möglichkeit hatten, wie kleine Wilderer den Bauern und ihren treuen vierpfotigen Gefährten in die Natur zu

folgen, um Tiere und Pflanzen und die ganze mit ihnen verbundene Gefühlswelt zu entdecken. Alexandre Dumas war genauso wie ich den irdischen Genüssen zugetan, ja, er war mit Leib und Seele Feinschmecker; seine glanzvollen Empfänge zeugen davon. Eine weitere Gemeinsamkeit, die Sylvie zutage förderte, brachte sie regelrecht zum Jubeln: Der Schriftsteller beschäftigte eine ganze Schar talentierter Co-Autoren, die die Handlungen und Figuren seiner Romane entwarfen. Da er selbst ein Arbeitstier war, forderte er seine Mitarbeiter häufig bis zur völligen Erschöpfung. Auch ich kann nicht leugnen, dass ich schon oft das Unmögliche von meinen Nächsten verlangt habe!

Alexandre Dumas stammte aus dem Norden Frankreichs und hat wie ich aus purem Vergnügen oder aber, um zu arbeiten, die ganze Welt bereist. Ich selbst komme ursprünglich aus der Normandie, doch meine Wahlheimat ist inzwischen die Sologne, wo ich glücklicher Besitzer eines Jagdreviers bin. Familie und Freunde kommen dort häufig zusammen, um ein paar sportive oder kulinarische Tage miteinander zu verbringen.

Rebhühner verlassen ihre Nester, sobald der Wind den Flaum der kleinen Vöglein getrocknet hat. Auf den dicht mit Gras bewachsenen Feldern und Brachen bleiben nichts als die entzweiten Schalen ihrer olivgrünen Eier zurück.

Selbst mein Urenkel Thomas lässt sich nicht zweimal bitten, wenn sein Großvater frühmorgens an die Zimmertüren pocht, um die Mannschaft zusammenzutrommeln.

Geschlagene zwei Stunden folgt er mir nun schon, seine kleinen roten Stiefel schwer vom Lehm. Thomas will nicht zugeben, dass er müde ist; um nichts in der Welt will er das Ende der Jagd verpassen. Mit gedämpfter Stimme erzähle ich ihm, wie mein Freund Gunter und ich einmal in Tirol trotz meiner Müdigkeit eine Gämse trieben. Plötzlich hält die Hündin Era inne! Wir starren sie an. Lauschen. Warten auf das geringste Rascheln. Ein Fasan schwingt sich geräuschvoll in die Lüfte, gegen den Wind direkt auf die Linie zu, wo sich die Jagdgäste befinden. Kurz darauf sind zwei Schüsse zu hören. „Vielleicht haben sie ihn ver-

Das prächtige Gewehr, das dieser Jäger emporgestreckt hält, ist eine echte Purdey (nach dem Namen eines Londoner Waffenfabrikanten)...; denn auf der Jagd sind Waffen und Hunde gleichsam wie Kleidung: Das Vergnügen kann auch zum Luxus werden.

fehlt", ruft Thomas, „aber nicht, wenn Papa geschossen hat." Den Hund streichelnd, setzen wir unseren Marsch fort. Ein paar Schritte weiter stoßen wir auf einen Graben. Ich setze mein abgeknicktes Gewehr ab. Unerschrocken wirft sich mir das Kind mit ausgestreckten Armen entgegen. In diesem Moment huscht ein Kaninchen durchs Unterholz. Thomas zielt mit einer imaginären Flinte auf das Tier, die Augen strahlend vor Freude.

Ich erlebe bei ihm wieder die eigenen Empfindungen, die meine erste Jagd in mir auslösten. Ich war damals acht Jahre alt. Da meine Leistungen in der Schule ganz passabel waren, durfte ich mich nach der Schule mit der Sechs-Millimeter-Jagdbüchse meiner Mutter am Waldrand postieren. Thomas fällt es schwer zu glauben, dass die Kaninchen damals zu Dutzenden aus ihren Bauen gehuscht kamen, wo er selbst gerade einmal drei an zwei Tagen sah. Ich selbst habe wieder den Duft von Knoblauch, Thymian und Butter in der Nase, der die Küche erfüllte, als sich das im Handumdrehen abgezogene und zerkleinerte Kaninchen im Schmortopf in ein köstliches Frikassee verwandelte. Ich sehe Mama vor mir, wie sie Kartoffeln und eine Hand voll Petersilie aus dem Garten hineingibt. Ich höre das Knallen des Champagnerkorkens und sehe meinen Vater, der mir mit zufriedener Miene sein Glas hinstreckt, damit ich einen Finger hineinstecke.

Mit meinen acht Jahren fühlte ich damals schon wie ein richtiger Mann. Mit zwölf ging ich dann in die Lehre. Meine Mutter hatte uns – meinen Bruder Marcel und mich – noch vor ihrer Passion für die Patisserie mit dem Jagdvirus infiziert. Als junge Frau (noch vor dem ersten Weltkrieg, sie war damals Köchin in Paris) ging sie mit ihren beiden Cockerspaniels auf die Île de la Jatte, von wo sie – kaum zu glauben, aber wahr – Enten und Rebhühner mit zurückbrachte. Durch den Krieg zur Witwe geworden, wie die Mutter Alexandre Dumas' (noch eine Gemeinsamkeit), kehrte sie nach Bernay in die Normandie zurück, wo sie den Mann heiratete, der schließlich unser Vater werden sollte und dessen Namen ich trage. So bot sich die glückliche Gelegenheit, den Hof Saint-Nicolas-du-Bosc-l'Abbé zu gründen und zu bewohnen.

Thomas zupft mich am Ärmel und holt mich in die Wirklichkeit zurück: „Hörst du, Papa ruft uns; vielleicht hat er ein großes Wildschwein wie neulich. Du weißt schon, dieser Brocken, den er mitgebracht hat." Sein Vater Serge hat eine gute Nase für die besten

Serge Gille-Naves wird diese ansehnliche Ente drei bis vier Tage abhängen lassen, bevor er sie rupft und, mit Honig gebraten, seinen Gästen serviert. Um mit fachkundigem Blick die Qualität des Vogels zu erkennen, genügte es, durch sanftes Blasen die Federn unter den Flügeln aufzurichten.

Es ist sicherlich kein Zufall, dass man im Französischen die Jagdausbeute und das Werk eines Malers mit dem gleichen Wort benennt: In beiden Fällen spricht man von „tableau". Stillleben mit Wild sind in der klassischen Malerei ein häufiges Motiv.

Jagdplätze. Er und sein jüngerer Bruder Renaud durchstreifen Wald und Flur, kennen jede Vogelart und wissen, wie man Fährten verfolgt. Sie sind nicht nur exzellente Schützen, sie verstehen es auch, ihre Beute zu rupfen und auszunehmen. Und Serge, der sein Restaurant in Saint-Rémy-de-Provence im Winter schließt, stellt sich bereitwillig in die Küche, um Durchreisende mit einer Ente mit Honig oder einer Ringeltaube in Weinsauce zu erfreuen. Thomas schlängelt sich durchs Geäst, seine Müdigkeit ist wie weggeblasen. Ich hatte meine auch vergessen, damals, im Jahre 1946, als ich die Sologne entdeckte. Für einen Jagdausflug mit den Ge-

brüdern Dugaud war ich nach einem langen, anstrengenden Arbeitstag in meinen 2 CV gestiegen und in sechs Stunden die dreihundertfünfzig Kilometer von Pont-Audemer nach Ferté-Imbault gefahren. Eine Thermoskanne mit Kaffee, einige noch lauwarme Apfeltaschen (meine Lieblingssorte) und vor allem mein braver Setter Raf hielten mich wach. Hinter Ferté-Saint-Aubin erwachte ich zu neuem Leben, als ich in dem sanften Herbstlicht die schmalen Straßen erblickte, Schlösser aus hellen Ziegeln, Kaninchen und den überraschten Blick eines Rehs,

das, bereit zum Sprung, hinter der Böschung stand... In Seiglière angekommen, holte ich die Brioches für das Frühstück aus dem Kofferraum, die Ententerrine zur Vesper und die Mandelküchlein und Schokolade, Mitbringsel, mit denen ich meine Freunde erfreuen wollte. Alice, die Frau des Försters Raffestin, führte in der Küche das Zepter, wie meine Solange. Geschickt band sie die fetten hofeigenen Hühner, steckte sie auf den Spieß und legte mir noch einige kleine, in Asche gerollte Ziegenkäse zur Seite. Ich packte sie ein, zusammen mit einem Korb Wild aus der in der jungen Jagdsaison noch bescheidenen Strecke, hauptsächlich Wildkaninchen, aber auch etwas Federwild.

Ich empfinde immer eine tiefe Freude, wenn bei Sonnenuntergang am Étang des Bastes die rituelle Präsentation des erlegten Wildes erfolgt. Die Angabe der Strecke, das Vibrieren der Jagd-

hörner, die Kälte, die Jäger mit ihren Hunden. Am Abend sucht Thomas die buntesten der erlegten Vögel aus; schüchtern fragt er mich, ob er ein paar Federn für seine Sammlung haben kann ..., sie zerdrücken in seinen kleinen Händen, als er vor Müdigkeit über Era zusammensinkt, die das Sofa in Beschlag hält.

Als ich später Sylvie mit einem Korb voller Pilze zurückkehren sehe, die Taschen prall gefüllt mit Kastanien, bereue ich nicht, ihrem Mann zur Geburt ihres dritten Sohnes ein Jagdgewehr geschenkt zu haben. Alain ist ein guter Jäger; inzwischen versteht er es sogar, eine Jagd zu leiten. Für dieses Buch habe ich mit gleichem Vertrauen sowohl den Kochlöffel als auch den Stift in Sylvies Hände gelegt. Sie und ihr Sohn Serge haben stets Wege und Lösungen gesucht, die jede Wildart entsprechend ihrer Größe, des Alters und Geschmacks bestmöglich zur Geltung bringt. Sie haben vor allem versucht, die besonderen Eigenschaften und Qualitäten des jeweiligen Wildbrets zu achten.

Welch ein Glück, dass es jemanden wie Alexandre Dumas gab! Nur ein Autor mit seiner Leidenschaft und Liebe zur Natur konnte das *Grand Dictionnaire de cuisine* verfassen. Er hat uns mit all seiner Begeisterung und seinem Humor das Vermächtnis einer Epoche hinterlassen, die uns angesichts heute ganz anderer Lebensverhältnisse sehr weit entfernt erscheint. Viele der damaligen Jagdtiere sind jetzt geschützt, und daher sind zahlreiche im 19. Jahrhundert populäre Gerichte heute nicht mehr nachkochbar. Umso wichtiger ist es, auch der guten Küche in dieser großartigen Reportage über die Jagd ihren Platz einzuräumen. Ich hoffe, dass dieses Buch den Leser anregt, den Rezepten und Tipps von Sylvie und Serge zu folgen, um die Freuden und Genüsse der Wildküche neu zu entdecken.

GASTON LENÔTRE

Zur Jägermahlzeit gibt es nicht notwendigerweise Wild. Im Rucksack von Gaston Lenôtre tummeln sich „Brioche", „fette hofeigene Hühner" und „kleine, in Asche gerollte Ziegenkäse".

Auf den Spuren
von Alexandre Dumas

Waldſchnepfe, Sumpfſchnepfe (Bekaſſine)

Sie steht an erster Stelle der schwarz-braunen Vögel und ist die Königin der Sümpfe. Ihres köstlichen Duftes und des zarten Fleisches wegen ist sie bei Feinschmeckern aller Schichten sehr gesucht. Doch leider ist sie ein Wandervogel! Immerhin isst man sie mehr als drei Monate im Jahr. Die Waldschnepfe am Spieß ist nach dem Fasan der feinste Braten. Dieser kostbare Vogel genießt ein so hohes Ansehen, dass man ihm die gleiche Ehre erweist wie dem großen Lama; geröstetes Brot, getränkt mit einem guten Zitronensaft, empfängt seine Ausscheidungen, den „Schnepfendreck", und wird von begeisterten Kennern ehrfurchtsvoll verzehrt. (A. D.)

Kriegsberichterstatter haben die Generäle, die sie verdienen. Dumas hatte Garibaldi – und zu berichten über den „Zug der Tausend" gegen Sizilien, dem er sich in Palermo anschloss. So war Dumas gleichsam an der „Befreiung" Süditaliens, besser gesagt des Königreichs Neapel, wie es damals noch hieß, beteiligt. Das war im Jahre 1860. Dumas brachte also Neapel in seine Gewalt ... nun ja, so könnte man sagen, und blieb dort drei Jahre, um die Museen und Ausgrabungen, vor allem aber den *Independente* zu leiten, Garibaldis Zeitung, in der er den Neapolitanern Kochlektionen erteilte, etwa wie man Makkaroni (oder *strangola prete*, „Pfaffen-Würger") kocht oder ein Ragout zubereitet.

Es war etwa zur gleichen Zeit, als er erstmals ernsthaft darüber nachzudenken begann, als Krönung seines Gesamtwerkes ein Küchenlexikon, das *Grand Dictionnaire de cuisine*, zu verfassen. „Ich möchte mein literarisches Werk von insgesamt fünfhundert

Mit der Französischen Revolution von 1789 wurde die Jagd wieder eine beliebte Beschäftigung. Tausende aus Stadt und Land erhielten das Recht, Wild zu töten, ohne die Anschuldigung der Wilderei und harte Bestrafungen fürchten zu müssen.

Bänden mit einem Buch über die Kochkunst beschließen", sagte er. Geschrieben hat er allerdings „nur" dreihundert Bücher, denn leider starb er bereits 1870 im Alter von nur achtundsechzig Jahren und zwei Jahre vor Erscheinen seines *Grand Dictionnaire de cuisine*.

Die Weihen guter Küche empfing Alexandre Dumas bereits in jungen Jahren. Seine Familie bot dafür beste Voraussetzungen. Verantwortlich war aber nicht sein Vater, der Marquis und Republikaner Davy de la Pailleterie, den die Revolution zum General machte und der 1806 in einer Hütte am Waldrand von Villers-

Der Beitrag des Wildbrets zur menschlichen Ernährung war seit jeher beträchtlich, ob als überlebenswichtige Nahrungsergänzung der Armen oder als Gaumenschmaus für Kenner und Liebhaber; vor allem aber auf dem Esstisch der Jäger.

Die Wachtel

Jeder weiß, dass die etwas fette Wachtel sich nach drei Flügen verausgabt hat und der Jäger sie, der Nase seines Hundes folgend, ob mit der Hand oder dem Hut, nur aufzunehmen braucht. Auch fragt man sich seit langem, warum die Wachtel und die Schwalbe, deren Schwanz und Flügel nur wenig gemein haben, so weite Strecken zurücklegen können. (A. D.)

Die ursprünglich zusammenhängenden Waldgebiete sind nach und nach dem Nutzwald gewichen; gleichzeitig entwickelte sich die Kunst der Hetzjagd. Die aus ihr hervorgegangene zeitgenössische Jagd erfüllt ihren Zweck bei der Hege und Pflege der Natur.

Cotterêts (Aisne) einen erbärmlichen Tod fand, als kein Geringerer als Napoleon Bonaparte ihn wohl bewusst dort zurückließ. Den Hang zu guter Küche hatte Dumas von seiner Mutter, Marie-Louise Elisabeth Labouret, der Tochter eines ehemaligen Oberkellners des Herzogs von Orléans, der an der Straße nach Soisson ein Gasthaus eröffnet hatte. In jener Zeit hatten Generalswitwen nicht gerade viele Rechte. Die des Generals Dumas erhielt im Jahre 1815 „einen Tabakladen und die Lizenz zum Verkauf von Schießpulver und Schrotblei".

Der kleine Waise ging regelmäßig zur Schule; häufiger aber begleitete er die Jäger auf ihrer Pirsch durch die riesigen königlichen Wälder, in denen er aber, wie er einmal einräumte, nicht selbst die Waren des mütterlichen Gewerbes verbrauchte. „Vom zwölften bis zum fünfzehnten Lebensjahr war ich ein Wilddieb. Danach wurde ich ein Jäger." Und er erzählt, wie er manchmal, die Flinte über der Schulter und den Jagdschein in der Tasche, „drei oder vier Tage ununterbrochen" unterwegs war und, um zu überleben,

„Hasen, Rebhühner und Wachteln" gegen „Butter, Eier, Brot, Wein und Hühner" eintauschte. Schließlich ließ man ihn sogar selbst sein erjagtes Wildbret oder die Produkte des „freien Warentauschs" zubereiten. Tatsächlich befand er sich da bereits auf dem Sprung zu einer Anstellung in einer Notariatskanzlei.

Das Erbe des Großvaters Labouret

Jedenfalls war es zu jener Zeit, als Dumas Gefallen an einer „allereinfachsten Küche" fand und eine Art Kochlehre absolvierte, die vom Berufsstand allerdings nicht anerkannt wurde. An die fabelhaften Rezepte, die sein Großvater gesammelt und seine Mutter geerbt hatte, verschwendete er damals noch keinen Gedanken. Kurz und gut, sein *Grand Dictionnaire* fand keinen Platz unter den gestrengen und trockenen Lehrbüchern der Kochschulen, die die Verdienste eines Carême, Beauvillier oder Escoffier, ja selbst das Geschwätz eines Curnonsky rühmen.

An den Kochtöpfen wurde der Schöpfer der „Drei Musketiere" und des „Grafen von Monte Christo" mit Missachtung gestraft. In der Tat muss man unweigerlich schmunzeln, wenn man liest (*Lettres à Torelli*), dass er „während dieser Phase" der Adoleszenz „die Überlegenheit eines an der Schnur gegrillten Huhns gegenüber einem am Spieß gebratenen" zu schätzen lernte: Anstelle eines Spießes, der „das Huhn vertikal durchbohrt" oder

Kapaun (Poularde)

Es waren die Bewohner der Île de Cos, die den Römern zeigten, wie man an dunklen, verschlossenen Orten Geflügel mästet. Das Überangebot, das damals in Rom herrschte, veranlasste den Konsul Caius Fannius, ein Gesetz zu erlassen, das die Aufzucht von Hühnern auf der Straße verbot. Was machten also die Römer? Sie lernten, wie man Hähne kastriert, die sie anschließend wie Hühner aufzogen. So verdanken wir also die Gegenwart des Kapauns auf dem heutigen Esstisch dem römischen Verbot, Poularden zu essen. (A. D.)

Als der Mensch noch ausschließlich vom Jagen und Sammeln lebte, schöpfte er aus den riesigen Wildbeständen, was er zum Leben brauchte. Die älteste Form der Jagd vereinte das Treiben, das Fallenstellen und unterschiedliche Handwaffen.

„quer durchdringt", genüge ein Rauchfang, ein Stift und eine Schnur, an deren Ende das Huhn, beständig über der Glut kreisend, gegrillt wird. Die Verachtung, die Dumas vonseiten der kochenden Zunft entgegenschlug, erklärt sich sicher auch aus dem Umstand, dass er seinerseits die professionellen Kollegen nicht gerade mit Samthandschuhen anfasste. Jene nämlich praktizierten ihren Beruf, „ohne auch nur zu ahnen, dass es sich dabei um eine Kunst handelt", und – Gipfel der Ignoranz – sie waschen das ausgenommene Huhn, „als spülten sie eine Flasche aus". Nicht genug, dass sie das Huhn „seines Wohlgeschmacks von außen berauben", nein, diese „Faulpelze" müssen es auch „von innen" ruinieren: „Offenbar hat man die falschen Leute auf die Galeeren geschickt."

Mag es auch unzählige Arten geben, ein gutes Mahl zuzubereiten, es gibt nur eine, es zu genießen: Essen – selbst wenn, wie Dumas einmal bemerkte, „Essen, solange man Hunger hat" eine leidige Angelegenheit ist, denn „alsbald ist der Hunger verschwunden." In

Die Ente

Damit gleich zu Beginn kein Zweifel besteht,
ein Vogel ist die Ente, um die es hier geht.
Was ihre verfassten verwandten betrifft ...
Nicht mal geflügelte Worte, nur geduldige Schrift.
Ente nennt man auch den gedruckten Betrug,
der sich, wie jene, verbreitet im Flug.
Neben denen, die Journalisten verkaufen als Realitäten,
zählt die Ente, die ich meine, zweiundvierzig Varietäten.
(J. Rouyer, zitiert nach A. D.)

Die Jagd wird zu einer Stunde ausgeübt, in der das Licht etwas ebenso Überwältigendes wie Beruhigendes hat, die Stunde des erwachenden Tages, wenn sich kurz vor der Dämmerung im Zerfließen von Schein und Sein der Duft der Landschaft erhebt.

Die Drossel

Ein französisches Sprichwort sagt: „Gibt es keine Drosseln, so isst man eben Amseln." Die Korsen drehten es kurzerhand um und sagen: „Gibt es keine Amseln, so isst man eben Drosseln." Die korsischen und provenzalischen Amseln sind nämlich sehr beliebt, da sie sich von Myrten- und Wacholderbeeren ernähren. Kardinal Fesch, ein Onkel Napoleons, ließ sich den ganzen Winter über Amseln aus Korsika kommen. Man schätzte es, bei seiner Eminenz zu speisen, wegen seiner feinen Manieren und des liebenswürdigen Empfangs, hauptsächlich aber wegen der Amseln.
Während der Weinlese ist die beste Zeit, Drosseln zu fangen und zu essen, da der Verzehr von Trauben ihr Fleisch noch saftiger und schmackhafter hat werden lassen. (A. D.)

diesem Sinne zählt er wohl zu den größten Gourmands überhaupt. Kaum vorstellbar, dass Dumas widerwillig mit den Zinken seiner Gabel im Essen herumstocherte. Vegetarier kann er nicht gewesen sein, das verriet seine Figur. Im Gegenteil, er war überzeugter „Fleischfresser": Verlangte der Chef „vier Unzen Fleisch", brachte er einen viertel Ochsen. Sein Durst war entsprechend – sein Fassungsvermögen lag irgendwo zwischen dem von Athos (einer der drei Musketiere) und Grandgousier (Figur bei Rabelais, Vater des legendären Gargantua). Wie sagte gleich Théophile Gautier, Kollege und erklärter Feind zugleich: „Seine Statur eines Tambour-Majors ist der Grund, warum er zwar nicht das Genie seiner Rivalen ... aber dennoch ihr Gewicht erreicht!" Das *Grand Dictionnaire* war für Dumas das Forum, über das zu sprechen, was er schätzte. „Was mich vor allem gereizt hat, (...) unermüdlicher Weltenbummler, der ich bin – ich habe Italien und Spanien bereist, Länder, in denen man schlecht isst; den Kaukasus und Afrika, Länder, in denen man gar nicht isst –, ist, zu zeigen, wie man besser isst, wo schlecht gegessen wird und wie man leidlich gut isst, wo gar nicht gegessen wird. Wohlgemerkt, um dorthin zu gelangen, muss man mit Leib und Seele Jäger sein." Was genauso gut als

Seitenhieb auf jene heimtückischen Moralisten verstanden werden kann, die den passionierten Essern und Schluckspechten gerne ein schlechtes Gewissen einreden. Man isst nicht um der Ernährung, sondern um der schieren Freude willen: Ein Stück Keule von einer alten Ziege oder einem streunenden Hund, zubereitet mit Sorgfalt und einer Prise groben Salzes – schon das ist Esskultur.

Die vielen Wildkaninchen, die das Grasland an den Küsten der Île de Bréhat bevölkern, verleihen der Landschaft einen nahezu schottischen Charakter.
Der Federwildjäger würde eher einen Auerhahn als ein Moorhuhn erwarten.

Will man gut essen, muss man zu jagen wissen

„Jäger" ... Für Dumas bedeutet es, dass jeder Freund guter Kost auch ein Liebhaber der Natur ist, der „aus Vergnügen und weil er einen Hang zur Schlemmerei hat" jagt und, um „etwas Neues über die Zubereitung von Wachteln und Ammern zu ersinnen", sich wie ein Elzéar Blaze (Zeitgenosse Dumas' und Autor von *Chasseur au chien d'arrêt*) von seinen „Instinkten" leiten lässt. Man muss es wohl so verstehen: Frische Luft macht einfach

Appetit, und außerdem gibt es nichts Anregenderes für die Geschmackspapillen als ein gut abgehangener Fasan oder ein Rebhuhn an einem Haken in der Kammer hinter der Küche. Zu Zeiten Dumas' ließ der herbe Wildgeruch, den diese Gefiederbündel verströmten, nicht nur die Hunde träumen.

Liest man heute das *Grand Dictionnaire de cuisine,* in dem es an schulmeisterlichen Belehrungen nicht fehlt, so traut man manches einem Fachmann ersten Ranges, der Alexandre Dumas war, gar nicht zu. Ist die Urheberschaft dieser Zeilen wirklich zweifelsfrei? Verbirgt sich nicht so mancher Schwindel hinter Rezepten und Definitionen? Kann man jemanden ernst nehmen, der sein Werk mit *Agami* (Trompetenvogel), *Agouti* (Aguti, Goldhase), ja sogar *Babiroussa* (Babirussa, Hirscheber) beginnt, Wild, das es, wie jeder weiß, auf den Rübenfeldern und in den für den Westen Frankreichs typischen, *bocage* genannten Knicklandschaften im Überfluss gibt?

Alexandre Dumas hat tatsächlich Lerchen, Rebhühner, Schnepfen und Steinhühner, Ringeltauben und Knäkenten erlegt. Auch die Wildente konnte seines geduldigen Wartens gewiss sein, selbst zur Paarungszeit. Sogar die Jagd auf Löwen machte ihm

Der Fasan

Der Fasan wurde von den Argonauten an den Ufern des Phasis am Schwarzen Meer entdeckt und verbreitet, daher sein Name. Voltaire widmete ihm ein Gedicht aus nur einem Vers: „Der Vogel des Phasis ist eine Speise der Götter." Brillat-Savarin schenkte diesem prächtigen Vogel eine seiner gelungensten Betrachtungen: „Der Fasan gibt ein Rätsel auf, dessen Bedeutung sich allein den Adepten offenbart; sie allein wissen ihn in all seiner Güte zu wertschätzen. (...) Isst man ihn innerhalb von drei Tagen nach seinem Tod, gibt es nichts, was ihn auszeichnet. Er ist weder so delikat wie eine Poularde noch hat er den aromatischen Duft einer Wachtel. (...) Doch der so herbeigesehnte Zeitpunkt ist gekommen, wenn der Fasan sich zu zersetzen beginnt. Jetzt entwickelt er sein Aroma und verbindet sich mit dem des Öls, das ein wenig fermentiert sein muss, wie es auch beim Rösten des Kaffees geschieht. (A. D.)

keine Angst (schließlich hatte er in Afrika gelebt); die Wolfsjagd ebenso wenig (er hatte sie in Russland und im Kaukasus gelernt). Fettammern bevorzugte er „à la toulousaine", das heißt zunächst mit Hirse gemästet und anschließend erstickt, „indem man ihren Kopf in einen kräftigen Essig taucht, ein gewaltsamer Tod, der ihrem Fleisch zum Vorteil gereicht".

Nach dem Rupfen werden die kleinen Vögel „à la toulousaine" mit zerlassener Butter bestrichen, in Weißbrotbröseln gewendet (Salz und Pfeffer nach Belieben) und am Spieß gebraten.

Die zeitgenössische Jagd in ihrer teilweise traurigen „postmodernen" Realität lässt in Vergessenheit geraten, was Jagen vor hundert bis hundertfünfzig Jahren bedeutete – und auch heute noch für jene besonnenen Freunde der Natur und Tierwelt verkörpert, die ihre Jagdwaffen, ihre Hunde, ihre Nachbarn und das Wild mit Respekt behandeln.

Mitte des 19. Jahrhunderts wurde die Jagd „demokratisiert"; die Rechnung dafür bezahlte das Wildkaninchen. Wie es heißt, veranstalteten die Bauern nach der „Nacht des 4. August" ein derartiges Massaker, dass einige Arten vollständig verschwanden. Mit der Billigung des *Code rural* vom 3. Mai 1844 wurden in Frankreich die gesetzlichen Grundlagen für die Jagd geschaffen, die unter anderem durch die Gesetze vom 29. Dezember 1954 und dem 30. Juli 1963 ergänzt wurden. Zu Zeiten Alexandre Dumas' war die Jagd auch ein symbolischer Feldzug des Volkes gegen das ungerechte Privileg der Aristokratie, die schon viel zu lange über das Jagdmonopol verfügt hatte.

Ein Hoch auf den (guten) Jäger

Dem Begriff „Jäger" gebührte auch ein Eintrag im *Grand Dictionnaire de cuisine*. Alexandre Dumas behandelt ihn allerdings anders als sein Alter Ego Elzéar Blaze: „Ein liebenswürdiger, heiterer Mensch, bei guter Gesundheit, der gern und gut isst, noch lieber trinkt, zeitig zu Bett geht, die ganze Nacht schläft und sich früh wieder erhebt. Die Damen mögen im Allgemeinen keine Jäger ..." Nein, „unter diesem Blickwinkel", macht Dumas unmissverständlich klar, betrachtet er den Jäger nicht.

Es gibt keine bessere erste Lehrstunde der Natur, als die Älteren bei der Jagd zu begleiten und bereits in jungen Jahren (hier Pierre, der Sohn von Hervé Amiard) zu lernen, das Wild zu respektieren, sein Verhalten zu beobachten, die Bestände zu überwachen und das richtige Tier zu erlegen.

Kaninchen

Man erkennt Wildkaninchen an dem rötlichen Balg ihrer Unterläufe und der gleichfarbigen Stelle unter der Blume. Bei Stallkaninchen versucht man, diese Farbe zu fälschen, indem man das Fell dieser Stellen über dem Feuer versengt. Der Betrug ist leicht zu durchschauen am Geruch oder durch Abspülen der Farbe. (A. D.)

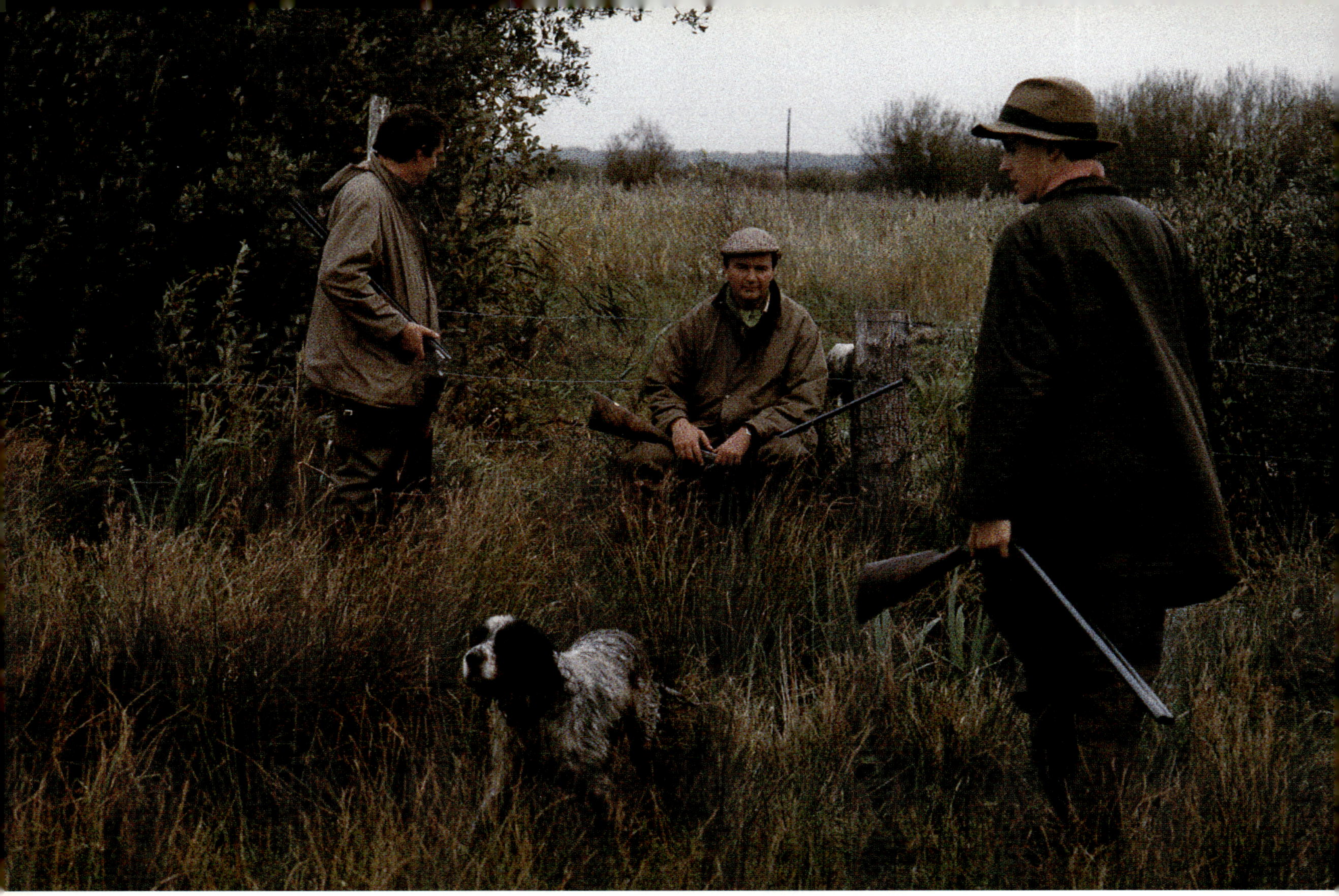

Unten: Ein Andenken der Familie. Das Abzeichen des Jagdhornbläsers Manetti, ein Großonkel, Musiker und Komponist von Jagdhornsignalen, die noch heute und vielfach in Unkenntnis ihrer Herkunft gespielt werden.

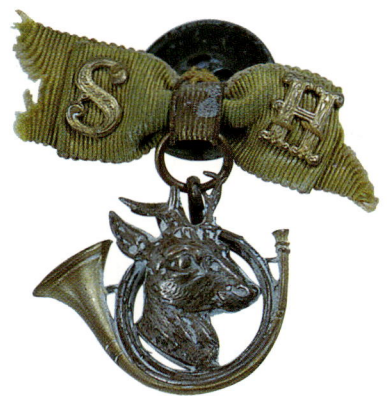

Er beschreibt ihn folgendermaßen: „Sie sehen in der Ferne einen Mann, mit einer Flinte bewaffnet und begleitet von einem Hund. Weicht er ihnen aus, dann darum, weil er entweder keinen Waffenschein oder keine Jagderlaubnis für das Revier oder kein erlegtes Wild in seiner Jagdtasche hat.

Es gibt Jäger und Wilderer. Jäger jagen der Freude und der Feinschmeckerei wegen. Ich erinnere mich an einen Bauern namens Moquet, der mich auf meinen ersten Jagdgängen häufig begleitete. Wenn er ein Rebhuhn verfehlte, rief er fast immer: ‚Sapristi! (von *sacristi* – verflixt!), das hätt sich gut in dem Kohl gemacht!‘ Verfehlte er einen Hasen: ‚Sapristi! Wär der fein gewesen mit jungen Zwiebelchen!‘ Diesem Jäger, der aus Freude und einem Hang zur Schlemmerei jagt, werden wir einige Ratschläge geben; nicht etwa, wie man das Gewehr hält und es anlegt, wie man seinen Hund führt, sich gegen den Wind bewegt oder eine kleine

Lockmelodie summt, wenn man einen Hasen in seiner Zuflucht bemerkt, sondern wie man das erlegte Wild fachgerecht in seiner Jagdtasche verstaut."

Es folgt eine Lektion, wie sie Alexandre Dumas gerne aller Welt erteilte, in seinen Büchern wie im richtigen Leben. Doch war nicht das Wild der Grund, warum ihn seine letzte Köchin, Célestine Cherrière, verließ, als er sich mit ihr in Roscoff (Finistère) zurückzog, um sein *Grand Dictionnaire* zu verfassen. Schuld war schlicht und ergreifend die Bretagne, die ihr missfiel („mit ihren wässrigen grünen Bohnen, zähen Artischocken und ihrer Butter, die nicht frisch ist ..." *[sic!]*). Nichtsdestotrotz, seit ihrer Zeit in Paris am Boulevard Malesherbes war Célestine die Königin der *matelote de truite noire* (Forellenragout mit Rotwein und Zwiebeln) – eine Spezialität, deretwegen ganz Europa, allerdings erst einige Zeit nach dem Tode Dumas', in die Vogesen pilgern sollte, nicht ohne Madame ein paar Erinnerungen an ihren ehemaligen Chef abzutrotzen: „Ich habe diesen Herrn bedauert, obwohl er wirklich ein gutherziger Mensch war und immer freundlich zu den Hausangestellten; sein Fehler war, dass er Bücher schrieb! Das ist doch kein Beruf!"

Die Taube

Die Taube ist nach der Schwalbe der Vogel mit dem schnellsten Flug. Sie macht zehn Meilen in der Stunde. Jedes Jahr war unser Freund Vuillemot damit betraut, von seinem Hôtel de la Cloche in Compiègne aus die Tauben loszulassen, die mit den königlichen Postkutschen zu den Wettbewerben in Lille vor gut zwanzig Jahren versandt wurden. Ich habe einige Male beim Start dieser männlichen Wanderer der Lüfte assistiert, die zielstrebig zu ihrem begehrten Weibchen eilten und allein kraft ihres Instinktes die Strecke in nur vier Stunden zurücklegten. Die häufigste Wildtaube ist die Ringeltaube (...). Die jungen Exemplare isst man gewöhnlich am Spieß gebraten, doch eignen sie sich auch als Entrée ... (A. D.)

Der Gruppeninstinkt ist bei Zugvögeln derart ausgeprägt, dass sie Ködervögel, die auf einem ruhigen Weiher schwimmen, für Artgenossen halten. Diese Vogelattrappen sind nicht selten von hervorragendem kunsthandwerklichem Wert.

Über die Jagdtasche belehrt Alexandre Dumas den Leser, dass ihr lederner Teil den Hasen vorbehalten bleiben muss und, wie er nachdrücklich hinzufügt, „ausschließlich den Hasen". Das „Kleinwild" (Federwild) hängt außen an der Tasche. Der „Netzteil" ist für Rebhühner, Fasane und andere große Vögel reserviert, „die sich nicht gegenseitig zerdrücken". Und dass der Jäger ja nie seinen Hasen in die Jagdtasche steckt, „ohne ihn zuvor harnen zu lassen". Ebenso muss einem Rebhuhn vor dem Verstauen mit einem kleinen Ast „der Dickdarm entfernt werden". Wer sich dabei nicht zu behelfen weiß, der lasse „sich von einem darin geschulten Jäger unterweisen". Und zu Ehren jener Schießwütiger, die auf alles anlegen, was sich bewegt, gibt Dumas folgenden wertvollen Ratschlag: „Nie auf eine Wachtel aus weniger als zwanzig bis fünfundzwanzig Schritt Entfernung schießen, denn das besonders zarte Fleisch des Vogels würde von der Kugel zerfetzt und nur noch ungenießbar den heimischen Herd erreichen. Lieber eine Wachtel verfehlen und bei nächster Gelegenheit erlegen, als ihren Verzehr unmöglich zu machen."

Die Jägerrast ist untrennbar mit einer rustikalen Mahlzeit verbunden, wie hier in einer Taubenhütte in den Landes.

Unten: Ein seltener Stich, der Alexandre Dumas am Herd mit zwei Küchenjungen zeigt.

Das Rebhuhn

Dieser Vogel war vor dem Jahr 1440 in Frankreich unbekannt. Es war König René I. von Neapel, der ihn von der Insel Chios in die Provence mitbrachte. Gejagt werden Rebhühner gewöhnlich mit Hetz- oder Spürhunden (...). Man fängt sie auch mit Netzen, die vor allem von Wilderern benutzt und auch „Ziehgarn" genannt werden. Besonders des Nachts bedient man sich dieser Falle, in die sich das Rebhuhn, vom Treiber gejagt und vom Licht verschreckt, wie von selbst verfängt.
(A. D.)

Jägerrast im Morvan während der Drosselsaison. Unter den fachkundigen Verkostern erkennt man auch Bernard Loiseau, den großartigen Koch aus Saulieu, der hier bei einer morgendlichen Vesper mit Foie gras die Blume eines exquisiten Meursault prüft.

Von der Pflicht zu essen

Über die Grundsätze der Jagd ist sich Alexandre Dumas mit Elzéar Blaze einig. Eines Tages, so erzählt er, unterhielt sich dieser große Jäger und Autor mit Antoni Deschamps, „pythagoreischer Dichter und Philosoph". Nachdem jener „das Recht, ungefährliche Tiere zu töten", unter der Bedingung reklamiert hatte, dass der Jäger „im Besitz eines Waffenscheins und die Jagdsaison eröffnet ist und er auf eigenem Territorium jagt oder eine Erlaubnis für das Revier hat", konterte Blaze mit diesem unwiderlegbaren Argument: „Hören Sie zu, ein Rebhuhn produziert jedes Jahr fünfundzwanzig Küken. Lassen Sie zehn Jahre ins Land gehen, ohne eines zu töten, und ihre Zahl erreicht die von Wespen und Schnaken; das bedeutet: kein Weizen mehr, kein Hafer und auch keine Trauben. Essen wir also Rebhühner, denn schließlich brauchen wir Pferde ... und lieben den Burgunder; da wir auch auf Brot nicht verzichten wollen, essen wir Rebhühner."

Das Recht, Rebhühner zu essen, erteilt uns Gott selbst. „Der Mensch ist zum Grasfressen nicht geschaffen, seine Zähne beweisen es. Pythagoras und der Abbé de Saint-Pierre (beide Gegner der Jagd) sind ehrbare, rechtschaffene Menschen, aber von der Kocherei verstehen sie nichts. Lassen wir sie also reden und essen, was sie wollen. Denn eines steht fest: Wenn man auf alle Welt hörte, würde am Ende niemand mehr essen."

„Nichts essen“, der Weg des Alexandre Dumas war das nicht. Er machte sich vielmehr folgende Anekdote über einen Präsidenten des Gerichts von Avignon zum Motto (eine Stadt, „in der seit jeher hervorragend gespeist wird, eine alte Tradition, überliefert aus der Zeit, als Avignon noch Pontifikalstadt war"). Dieser Richter erzählte einmal von einer „köstlichen Pute": „Sie war außerordentlich, voll gestopft mit Trüffeln, zart wie eine Poularde, fett wie eine Ammer, duftend wie eine Drossel. Wahrhaftig, wir ließen nichts als die Knochen zurück! – Zu wie vielen waren Sie?, erkundigt sich ein Neugieriger. – Wir waren zu zweit, mein Herr! – Zu zweit? ... – Ja, die Pute und ich."

Für Dumas ist der Truthahn ein „Wildbret für den Spieß". Er bestreitet seine amerikanische Herkunft und hält diesen „Schwindel" für eine Erfindung der „Sektierer von Loyola" (Jesuiten). Dabei beruft er sich auf Boileau-Despréaux, der, nachdem er einmal von einer Schar (Truthennen) attackiert wurde, zeit seines Lebens eine heimliche Abneigung gegen die Jesuiten hegte, da sie, wie sie selbst beteuern, dieses Geflügel, das „heutzutage sogar drüben in Illinois" gejagt wird, in Europa eingeführt hatten.

Für Alexandre Dumas, dieses Mal ritterlicher Streiter gegen das Unrecht, war Amerika zweiundvierzig Jahre vor Kolumbus außerstande, „die Schiffe des Jacques Cœur zu zähmen", wie jener es mit Puten und Truthähnen tat (der große Finanzminister König Karls VII. von Frankreich unterhielt zu jener Zeit noch Handelsbeziehungen mit Venedig und dem ihm damals zugehörigen Candia).

Die Truthenne

Es ist unnötig, ausdrücklich darauf hinzuweisen, dass sie (die gebratene Pute mit Trüffeln) ausschließlich als Hauptbestandteil des ersten Ganges geeignet ist. Nichts ist so plump (...), wie eine Pute mit Trüffeln als Braten aufzutragen! Kaum nachzuvollziehen, wie ein Brillat-Savarin sich in diesem Punkt so hat täuschen können. Es muss wohl das Resultat einer versehentlichen Leichtfertigkeit oder eines ungewöhnlichen Irrglaubens sein. (De Courchamps, zitiert nach Alexandre Dumas, Kritik an Brillat-Savarin)

Ohne vergessen zu wollen, dass Rotwein hervorragend zu Rotwild passt, so hat auch Weißwein seinen berechtigten Platz als Begleiter zu Wildgerichten. Geeignet sind besonders runde, körperreiche und robuste Weine, beispielsweise ein Chardonnay oder ein Chenin.

Der Hase

Wird der Hase vom jagenden
Hund gehetzt, so dreht er
zwei Runden im Wald oder
auf dem freien Feld; eine
Hatz, die fünfundzwanzig
Minuten bis eine halbe
Stunde dauert, und eine
weitere, die eine Dreiviertel-
bis anderthalb Stunden
dauert. Man nennt sie seine
kleine und seine große Aus-
flucht. Doch welche verhäng-
nisvolle Fügung lässt den
Hasen stets an den Ort des
Aufscheuchens zurückkeh-
ren, sei es nach seiner ersten
oder zweiten Runde, sodass
er fast immer nahe der Stelle
erlegt wird, an der die Jagd
auf ihn ihren Anfang nahm?
(...) Eine seiner häufigsten
Listen ist (...), dass er wie mit
einem Kompass genau einen
Kreis von fünfundzwanzig
bis dreißig Schritten Durchmesser beschreibt, auf der
Kreislinie in gewissen Ab-
ständen drei bis vier kleine
Runden dreht und dann, all
seine Kraft zusammenneh-
mend, einen Satz zur Seite
macht und sich duckt.
(A. D.)

Stattliche, gut gepflegte Alleen prägen und strukturieren die Waldgebiete wie hier im Osten Frankreichs. Die Wildwechsel werden von Hochsitzen und Jagdkanzeln nach einer Technik und Tradition ausgespäht, die höher entwickelt sind als anderswo im Land.

Alexandre Dumas scheint allerdings zu vergessen, dass die Pute ursprünglich aus der Türkei stammt, was auch erklären würde, warum sie in der Küche des Okzidents bekannt war, lange bevor dieser Genueser (Kolumbus) und seine Herren, die Herrscher von Spanien, das Verdienst ihrer angeblichen Entdeckung für sich reklamierten.

Im Zeichen der Artemis

So steht die Küche des *Grand Dictionnaire* also ganz und gar im Zeichen der griechischen Jagdgöttin Artemis, deren Verehrung unter anderem dem Wildschwein (alias *singularis*) gilt; und auch der große Alexandre Dumas konnte seinen ungeheuren Hunger nur wirklich stillen, indem er ein Exemplar dieser Tiere nach obelixscher Manier im Ganzen gebraten verschlang.

Als sein Ende nahte, hat er sich da in dem Biest wieder erkannt, das ihm einst begegnet war? „Das Wildschwein ist von Natur aus ein menschenscheues Tier, das sich im fortgeschrittenen Alter ins undurchdringlichste Dickicht verkriecht, wo es von niemandem gestört werden will. Es kommt selten vor, dass diese (...) gefährlich bewaffneten Tiere nicht auf den Jäger losgehen, der geschossen hat. Das Beste, was ein Jäger in so einem Falle tun kann, ist, nach einem starken, tragenden Ast zu greifen, sich hochzuhangeln und den Keiler unter sich ins Leere laufen zu lassen. Er lässt seinem Angriff selten einen zweiten folgen ...“

GÉRARD GUICHETEAU

Die Rezepte

Federwild

Wurde das Federwild während einer Jagdaktion getötet, muss man darauf achten, dass kein Teil des Körpers gequetscht oder verschmutzt ist. Sollte dies der Fall sein, muss man das Tier so bald wie möglich rupfen und ausweiden oder seinem Geflügelhändler anvertrauen. Für den Unerfahrenen ist die Qualität des Tieres im Allgemeinen nicht ganz einfach zu beurteilen.

Schnepfen

Die Waldschnepfe ist ein besonders bei der Pirsch mit dem Spürhund beliebtes Jagdtier. Wie ihr Name bereits sagt, lebt sie im Gegensatz zur artverwandten Sumpfschnepfe (Bekassine) nicht in Sumpfgebieten, sondern im Wald. Männchen und Weibchen dieses etwa 320 Gramm schweren Zugvogels sind äußerlich identisch. Am besten schmeckt die Waldschnepfe gebraten. Auch die Innereien von Schnepfenvögeln, der so genannte „Schnepfendreck", werden häufig, gewürzt und auf Canapés gestrichen, mit serviert, eine als sehr fragwürdig empfundene „Delikatesse". Essbar sind die Gedärme, da die Schnepfe sie bei jedem Auffliegen entleert. Die in Deutschland geschützte Sumpfschnepfe ist mit 100 bis 150 Gramm erheblich kleiner als die Waldschnepfe. Das Fleisch dieses kleinen Watvogels gilt als das feinste aller Schnepfenarten. Alle Schnepfenvögel lassen sich wie die Waldschnepfe zubereiten. Zu den geschützten Arten zählt auch die Doppelschnepfe.

Wachteln

Die etwa 120 Gramm schwere Wachtel ist ein Zugvogel, dessen Vorkommen sich hauptsächlich auf Mittel- und Südeuropa sowie Afrika erstreckt. Bejagt wird die Wachtel zu Saisonbeginn im September und Oktober. Ihr Fleisch ist ein echter Leckerbissen, doch ihre Haut verdirbt schnell. Daher sollte sie, wie auch die japanische Zuchtwachtel, möglichst frisch gegessen werden.

Wildenten

Die Stockente ist der am meisten bejagte Schwimmvogel. Der rund 1,5 Kilogramm schwere Erpel ist durch sein buntes Gefieder leicht von der eher unscheinbaren Ente zu unterscheiden. Obwohl Letztere das feinere Fleisch liefert, wird der Erpel stärker bejagt, um die Erhaltung der Art zu sichern. In der Küche rechnet man etwa eine Ente für 2 bis 3 Personen.

Federwild zählt seit jeher zum schmackhaftesten Wildbret mit vielseitigen Möglichkeiten. Der Fasan schmückte die königlichen Tafeln, die Schnepfe sowie die Wachtel den Gourmetteller, während Rebhuhn und Taube eher dem Gaumen der breiten Masse schmeichelten.

Die bei Kennern sehr beliebte Krickente ist relativ schwierig zu finden. Das Fleisch dieser mit 300 bis 400 Gramm kleinsten Entenart ist außerordentlich aromatisch und wohlschmeckend, da sie sich häufig in Sumpfgebieten aufhält.

Tauchenten neigen zu einem leicht tranigen Geschmack, da sie sich vornehmlich von Fisch ernähren. Deshalb wird ihr Fleisch vor der Zubereitung häufig mariniert und mit einer süßsauren Sauce serviert. Wegen des modrigen Aromas verarbeiten viele Köche wie bei Teichhühnern nur die enthäuteten Brustfilets.

Um den Fortbestand der zumeist ziehenden Wildentenarten zu sichern, sind Schutz und Pflege der Feuchtgebiete unerlässlich. Die bedeutendste und einzige in Europa brütende Wildgansart ist die Graugans. Sie bringt bis zu 4,5 Kilogramm auf die Waage und wird im November und Dezember bejagt.

Ein Jäger ohne Hund ist gleichsam ein „Krüppel". Mensch und Tier bilden ein unzertrennliches Gespann. Dieser prächtige Setter ist im Aufspüren von Sumpfschnepfen unübertroffen. Man müsste einmal seinen Blick nach einem Fehlschlag sehen ...

Fasan

Der Fasan zählt zu den bekanntesten Wildhühnern. Er vermehrt sich relativ leicht und ist daher recht häufig auf den Speisekarten vertreten. Verschiedene Kreuzungen haben zu einer Vielzahl von Rassen mit unterschiedlicher Fleischqualität und erstaunlich vielfältigen und teilweise prächtigen Gefiedern geführt. Am häufigsten anzutreffen ist der Jagdfasan; besonders prachtvoll ist der Mongolische Fasan; ein weiterer Vertreter ist der Ringfasan. Mit rund 1,2 Kilogramm Lebendgewicht besitzt die kleinere Fasanenhenne gegenüber dem Hahn das feinere und zartere Fleisch. Sie wird in der Regel gebraten oder *en papillote* zubereitet, also in einer Hülle aus Pergamentpapier gegart. Das Wildbret des Hahns ist zwar weniger aromatisch, wird aber häufiger angeboten. Es eignet sich im Ganzen oder in Teilstücken eher für Schmorgerichte, zum Beispiel mit Kohl, oder für Wildterrinen. Jagdzeit ist von Oktober bis Januar.

Rebhühner

Das in vielen Teilen Deutschlands selten gewordene Rebhuhn liefert überaus schmackhaftes Wildbret. Die ausgewachsene Henne wiegt etwa 400 Gramm, der Hahn rund 500 Gramm. Das Fleisch besonders des jungen Rebhuhns ist sehr zart, wird mit zunehmendem Alter allerdings etwas fester. Man lässt Rebhühner nicht so lange abhängen wie Fasane. Vier bis fünf Tage genügen vollkommen zur Reifung. In der Regel wird der Vogel im Ganzen zubereitet. Jagdzeit ist von September bis November. Das artverwandte Rothuhn kommt nur in geringen Populationen im Mittelmeerraum vor und ist daher in der hiesigen Wildküche weniger bekannt.

Raufußhühner

Ihren Namen haben sie von der bis zu den Zehen reichenden Befiederung. Zu ihnen zählen das Moorhuhn, das Haselhuhn, das Alpenschneehuhn sowie das Steinhuhn. Der Fortbestand oder die Vermehrung ihrer Populationen erfordert ein umsichtiges weidmännisches Verhalten.

Der Wald ist und bleibt Lebensraum und Zufluchtsort der meisten Federwildarten, so auch für Fasane, Schnepfen und Taubenvögel. Das Rebhuhn dagegen ist ein Feldvogel.

Taubenvögel

Die Ringeltaube zählt zu den Haupt-
arten der in Europa verbreiteten Wild-
tauben. Sie ernährt sich von Samen,
Beeren und Früchten und nistet in
den Kronen hoher Bäume. Die Aus-
weitung der Maiskulturen hat dazu
geführt, dass die zu den Zugvögeln
gehörende Ringeltaube in zunehmen-
der Zahl ganzjährig am selben Ort
verbleibt. Männchen und Weibchen sind sehr ähnlich und bringen etwa 500 Gramm auf die Waage. Die Leber der Ringeltaube
hat keine Galle, was das Ausnehmen des Vogels erleichtert. Man
rechnet eine Taube für 1 bis 2 Personen.

Gegenüber der Ringeltaube ist die Turteltaube mit 125 bis
150 Gramm erheblich kleiner. In Deutschland ist sie ganzjährig
geschont, in Frankreich wird sie hingegen bejagt. Die fruchtbarste
Wildtaubenart ist mit bis zu sechs Gelegen pro Jahr die Türken-
taube. In Deutschland darf sie allerdings nicht gehandelt werden.

Mit Ausnahme der Felsentaube und
der Turteltaube sind Tauben über-
wiegend Zugvögel. Die bekannteste
ihrer Art ist die Ringeltaube, die
bejagt wird, wenn sie sich während
ihrer Passage in großer Zahl auf den
Maisfeldern niederlässt.

Schnepfe
im Blätterteigmantel

Das würzige Aroma und das fettreiche Fleisch der Sumpfschnepfe eignen sich hervorragend für diese Zubereitung im Blätterteigmantel. Am besten bereiten Sie gleich drei bis vier Vögel zu, um sie anschließend im Kreise von Kennern zu genießen, die diese Delikatesse wirklich zu würdigen wissen.

FÜR 1 PERSON

Vorbereitung: 10 Minuten
Garzeit: 25 Minuten

1 Bekassine
(Sumpfschnepfe)
von etwa 90 g, gerupft
Salz und Pfeffer aus der
Mühle
1 EL Foie gras oder
Entenlebercreme
100 g Blätterteig
Mehl
1 Eigelb

Die Bekassine ausnehmen, den Kopf und die Ständer abtrennen. Den Vogel großzügig salzen und pfeffern. Ein kleine Pfanne erhitzen und die Bekassine darin ohne Zugabe von Fett auf jeder Seite 1 Minute goldbraun anbraten. Abkühlen lassen und mit der Foie gras oder Entenlebercreme füllen.

Den Ofen auf 200 °C vorheizen.

Den Blätterteig mit einem Nudelholz auf der bemehlten Arbeitsfläche dünn ausrollen. Zwei Teigkreise von je 20 und 12 cm Durchmesser ausschneiden.

Die Bekassine auf den kleinen Teigkreis setzen. Den Teigrand rundherum mit dem verschlagenen Eigelb bestreichen. Die Bekassine mit dem großen Teigkreis bedecken und die Teigränder sorgfältig versiegeln. Das Teigpaket außen vollständig mit Eigelb bestreichen. Mit der Messerspitze ein dekoratives Muster einritzen. Aus den Teigresten verschiedene Formen ausstechen, das Teigpaket damit dekorieren und auch diese Formen mit Eigelb bestreichen.

Die Bekassine in eine kleine, ofenfeste Form mit dickem Boden setzen und im Ofen 15 Minuten backen. Die Temperatur auf 180 °C herunterstellen und die Schnepfe weitere 10 Minuten backen.

Um das betörende Aroma dieses Gerichts richtig zu genießen, schneiden Sie zunächst nur einen kleinen Deckel von dem Teigpaket ab und atmen Sie, die Augen geschlossen, den aufsteigenden Duft ein. Anschließend jedes Stückchen Fleisch zusammen mit einem Häppchen goldgelben Blätterteigs genießen.

Gebratene Waldschnepfe in Margaux

Für dieses Gericht empfiehlt sich eine kurze Garzeit, damit das Fleisch der Schnepfe rosa und saftig und sein Aroma erhalten bleibt. Alexandre Dumas verordnete dem Vogel noch eine Garzeit von 30 Minuten und länger. Allerdings wurde damals Feder- wild noch sehr viel länger abgehangen und Schnepfen in der Regel mit ihren Innereien zubereitet. Es erforderte reichlich Weißwein, Zitronensaft, Brühe und verschiedene Kräuter, um den kräftigen Geschmack etwas zu maskieren.

FÜR 2 PERSONEN

Vorbereitung: 30 Minuten (davon 5 Minuten am Vortag)
Marinieren: 12 Stunden
Garzeit: 13 Minuten

2 Waldschnepfen von je 240 g, gerupft
Salz und Pfeffer aus der Mühle
3 EL Traubenkernöl
20 g helle Rosinen
4 EL Pineau des Charentes (Likörwein) oder Cognac
20 g Butter
1 Schalotte
5 cl Margaux-Wein (oder ein anderer roter Bordeaux)
4 Croûtons (10 × 10 cm)
40 g Foie gras

Am Vorabend die unausgenommenen Schnepfen salzen, pfeffern und mit 1 Esslöffel Öl einreiben. Die Vögel in Klarsichtfolie ein- wickeln und über Nacht an einem kühlen Ort marinieren lassen. Die Rosinen in einem fest verschlossenen Gefäß in dem Pineau oder Cognac ebenfalls über Nacht ziehen lassen.

Am folgenden Tag in einer Kasserolle mit dickem Boden 10 g Butter und 1 Esslöffel Öl erhitzen und die Hälfte der fein gehackten Schalotte sowie die Schnepfen 7 bis 8 Minuten darin von allen Seiten anbraten. Den Vorgang abbrechen, bevor der Garprozess die Innereien erreicht. Die Vögel aus der Kasserolle nehmen und zunächst halbieren, dann die Flügel mit der Brust und die Keulen abtrennen und warm stellen. Die Innereien, die Leber und das Herz in eine Schüssel legen; den Kaumagen nicht mit verwenden, da er kleine Steinchen enthält. Die Karkasse hacken, zurück in die Kasserolle geben und unter Rühren weiter anrösten. Mit dem Margaux ablöschen und den Braten- satz vom Topfboden losrühren. Die Rosinen mit dem Pineau oder Cognac einrühren und 1 weitere Minute kochen lassen. Die Knochen herausnehmen. Die Flügel und Keulen mit den weniger gegarten Innenseiten nach unten in den Jus einlegen und 4 Minuten köcheln lassen. In der Zwischenzeit die Croûtons rösten.

In einer Pfanne die restliche Butter und 1 Esslöffel Öl erhitzen und die andere Hälfte der fein gehackten Schalotte darin anschwitzen. Die Innereien der Schnepfen zufügen und maximal 1 Minute garen, dabei mit einer Gabel zerdrücken und rasch und beständig wenden. Salzen und pfeffern.

Abseits der Kochstelle die Foie gras zugeben und alles mit einer Gabel zerdrücken (wenn Sie 4 bis 6 Schnepfen zubereiten, können Sie auch einen Mixer verwenden). Die vorbereiteten Croûtons mit der Farce bestreichen und auf zwei vorgewärmte Teller legen.

Die Keulen und Flügel auf den Croûtons anrichten, die Rosinen darauf verteilen und alles mit der Sauce überziehen. Heiß servieren.

Als Beilage zu der leicht süßsäuerlichen Rosinen-Wein-Sauce passt ein Selleriepüree. Halten Sie genügend Brot bereit – zum Aufstippen der Sauce auf dem Teller, in der Pfanne, in der Kasserolle ...

Selleriepüree

FÜR 4 PERSONEN

Vorbereitung: 10 Minuten
Garzeit: 35 Minuten

500 g Knollensellerie
½ l Magermilch
1 Knoblauchzehe
1 TL Salz
Pfeffer aus der Mühle
Geriebene Muskatnuss
2 EL Crème fraîche

Den geschälten Sellerie in kleine Würfel schneiden oder raspeln. In einer Kasserolle mit der Milch übergießen, die geschälte, entkeimte Knoblauchzehe hinzufügen und mit Salz, Pfeffer und Muskatnuss würzen.

Bei geringer Hitze 30 bis 35 Minuten köcheln lassen. Dabei häufig umrühren, damit die Milch und der Sellerie nicht ansetzen.

Den Sellerie ohne die Milch mit einem Mixstab oder in der Küchenmaschine zu einem dicken Püree verarbeiten. Die Crème fraîche unterziehen und abschmecken.

Falls Sie das Püree nicht gleich verwenden, möglichst rasch auskühlen lassen, mit Frischhaltefolie abdecken und in den Kühlschrank stellen. Es hält sich etwa 2 Tage. Zum Wiedererwärmen ins heiße Wasserbad stellen oder in der Mikrowelle erhitzen.

Gefüllte Wachteln
mit Feigen

Selbst wenn Alexandre Dumas in seinem Grand Dictionnaire *der Wachtel zehn verschiedene Rezepte widmet, mochte er sie am liebsten gebraten.*

FÜR 6 PERSONEN

Vorbereitung: 20 Minuten
Garzeit: 25 Minuten

6 Wachteln
Salz und Pfeffer aus der
Mühle
2 rote Schalotten
50 g Butter
200 g Geflügellebern
100 g Spinat
4 EL Feigen- oder Tresterschnaps
18 sehr reife Feigen
4 EL Rotwein (vorzugs-
weise Gigondas)

Die Wachteln salzen und pfeffern. Lebern und Herzen, falls noch vorhanden, beiseite legen und später zusammen mit den Geflügellebern verarbeiten.

Die Schalotten schälen und fein hacken. In einer Sauteuse die Hälfte der Butter aufschäumen lassen und die Schalotten kurz darin anschwitzen. Die in Stücke geschnittenen Geflügellebern und -herzen kurz mitschwitzen.

Den Spinat in kochendem Wasser 2 Minuten blanchieren. Gut abtropfen lassen. Zusammen mit den Geflügelinnereien, 1 Esslöffel Schnaps, 1 Teelöffel Salz und etwas Pfeffer im Mixer zu einer groben Farce verarbeiten.

Den Ofen auf 200 °C vorheizen.

Die Wachteln mit der Farce füllen. Die Öffnungen mit einem Zahnstocher verschließen. Die Vögel sowie die zum Garen verwendete Form mit der restlichen Butter einstreichen. Die Wachteln in die Form einsetzen und im Ofen 10 Minuten braten. Die Feigen um die Wachteln herum verteilen, mit 3 Esslöffeln Schnaps und dem Rotwein, der auch zum Essen getrunken wird, beträufeln und weitere 10 Minuten garen. Die Wachteln im ausgeschalteten Ofen noch 5 Minuten ruhen lassen.

Die ganzen Wachteln, mit den Feigen umlegt, in dem Bratensaft servieren. Als zusätzliche Beilage eignet sich Spinat. Rechnen Sie etwa 1,2 Kilogramm Spinat, den Sie in kochendem Salzwasser etwa 5 Minuten blanchieren. Anschließend gut ausdrücken und mit einem großzügigen Stück Butter servieren.

Die Wachteln können Sie bereits am Vortag füllen und bis zur Zubereitung kalt stellen.

Wachtelconfit
mit zweierlei Bohnen und Salat

Die in dem Fett gegarten Wachteln und Bohnenkerne halten sich an einem kühlen Ort 3 bis 4 Tage. Wichtig ist allerdings, dass sämtliche Zutaten vollständig mit Fett bedeckt sind.

FÜR 6 PERSONEN

Vorbereitung: 15 Minuten
Marinierzeit: 2 Stunden
Garzeit: 60 Minuten

6 Knoblauchzehen
6 Wachteln
Salz und Pfeffer aus der Mühle
3 EL Armagnac oder Portwein
8 Wacholderbeeren, zerdrückt
300 g frische weiße oder rote Bohnenkerne
Etwa 1 kg Entenfett
1 Lorbeerblatt
300 g grüne Bohnen
1 Endiviensalat oder Radicchio
4 EL Walnussöl
2 EL Sherry- oder Balsamico-Essig

Den Knoblauch schälen, die Keimlinge entfernen und je 1 Zehe in jede Wachtel stecken. Die Vögel großzügig salzen und pfeffern. In eine Schüssel legen, mit dem Armagnac oder Portwein übergießen, die Wacholderbeeren zugeben und zugedeckt bei Raumtemperatur mindestens 2 Stunden marinieren lassen.

In einer Kasserolle Wasser zum Kochen bringen. Die Bohnenkerne darin je nach Reifegrad 5 bis 10 Minuten kochen (falls Sie getrocknete Bohnen verwenden, über Nacht einweichen).

In einem Schmortopf mit dickem Boden bei geringer Hitze das Entenfett zerlassen. Sobald es heiß ist, die Wachteln mitsamt den Wacholderbeeren, dem Armagnac oder Portwein und dem Lorbeerblatt hineingeben und etwa 20 Minuten garen. Darauf achten, dass die Temperatur des Fettes 80 °C nicht übersteigt. Es darf nicht sieden. Die Bohnenkerne hinzufügen und weitere 20 Minuten garen.

Die Wachteln und Bohnen in ein großes Sieb abseihen; das Fett auffangen, abkühlen lassen und für eine andere Verwendung zugedeckt an einem kühlen Ort aufbewahren.

Die grünen Bohnen in kochendem Salzwasser je nach Sorte 5 bis 10 Minuten garen, sie sollen noch etwas Biss haben. Abgießen und kalt abschrecken.

Den Salat waschen. In einer großen Pfanne die Wachteln von jeder Seite 1 Minute Farbe nehmen lassen. Die Bohnenkerne zufügen, überschüssiges Fett abgießen und alles weitere 3 Minuten garen.

Das Walnussöl mit dem Essig verrühren. Die grünen Bohnen auf einer tiefen Platte verteilen und mit der Vinaigrette beträufeln. Die Salatblätter zugeben und alles kurz durchheben. Die Wachteln mit den Bohnenkernen auf dem Salatbett anrichten und warm servieren.

Gebratene Entenbrust
mit Kirschsauce

Die Bastardente ist eine Kreuzung aus einem Barbarie-Erpel und einer Rouener oder Pekingente. Ausgewachsen kann sie mehr als 4 Kilogramm auf die Waage bringen. Bei der Mast für die Gewinnung von Entenstopfleber entwickelt das Tier auch außergewöhnlich fleischige und zarte Brustfilets, die rosa gebraten werden.

FÜR 6 PERSONEN

Vorbereitung: 15 Minuten
Garzeit: 20 Minuten

1 großes Glas (1 ½ l) ein-
gemachte Kirschen
1 Bund glatte Petersilie
1 kleines Stück Ingwer-
wurzel, geschält
100 ml Rotwein (vorzugs-
weise Madiran)
Grobes Salz
Pfeffer aus der Mühle
2 EL Kirschlikör
3 große Entenbrustfilets
von je 400 g
Salz
50 g Butter
2 EL Weinessig

Die Kirschen in einem Sieb abtropfen lassen, den Saft in einer Kasse-rolle auffangen. Die Petersilie waschen, die Blätter abzupfen, fein hacken und beiseite stellen. Die Stängel mit dem Ingwer, dem Wein, 1 Prise grobem Salz und etwas Pfeffer zu dem Kirschsaft geben, auf-kochen und auf die Hälfte einkochen lassen. Die Petersilienstängel und den Ingwer herausnehmen und die Kirschen hinzufügen. Bei milder Hitze 5 Minuten köcheln lassen und den Kirschlikör zugießen. Haut und Fett der Entenbrustfilets mit einem Messer kreuzweise einritzen. Großzügig mit Salz und Pfeffer würzen.

Eine Pfanne ohne Fett heiß werden lassen. Die Filets mit der Fett-seite nach unten einlegen und zugedeckt bei großer Hitze 5 Minuten braten. Das ausgetretene Fett abgießen und durch die Hälfte der Butter ersetzen. Die Filets wenden und bei geringer Hitze weitere 3 Minuten braten. Die Filets herausnehmen und in lange, dünne Scheiben (französisch *aiguilettes*) tranchieren. Den dabei austretenden rötlichen Fleischsaft auffangen. Das tranchierte Brustfleisch auf einer Servierplatte anrichten und warm stellen.

Das in der Pfanne verbliebene Fett abgießen, den Fleischsaft und den Essig hineingeben und mit einem Holzspatel den Bratensatz vom Pfannenboden lösen. Die restliche Butter sorgfältig einrühren und die Mischung unter die Kirschsauce rühren. Die Sauce mit den Kirschen um das Fleisch herum verteilen. Mit der gehackten Petersilie garnie-ren und heiß servieren. Dazu passen Rösti (Seite 172).

Junge Wildente
mit Gin und roten Pflaumen

Sticht man in das Fleisch einer Wildente, so ist das austretende Blut immer rosafarben, selbst im gegarten Zustand. Daher ist es für die Bemessung der Garzeit wichtig, das genaue Gewicht der Vögel zu kennen. Bei diesem Rezept reichen 20 Minuten vollkommen aus. Jene, die es „blutiger" mögen, können die Garzeit noch etwas verkürzen.

FÜR 4 PERSONEN

Vorbereitung: 30 Minuten
Garzeit: 40 Minuten

2 junge Wildenten von
je 500 g, mit ihren Lebern
und Herzen
Salz und Pfeffer aus der
Mühle
15 Wacholderbeeren
2 rote Schalotten
1 EL Traubenkernöl
8 Zweige frischer
Thymian
600 g rote Pflaumen
4 EL Gin
½ TL Zucker nach
Belieben
20 g Butter

Die küchenfertigen Enten sorgfältig salzen und pfeffern. Die Lebern und Herzen kalt stellen. Die Wacholderbeeren mit dem Rücken eines großen Küchenmessers zerdrücken. Die Schalotten schälen und fein hacken.

In einem Schmortopf das Öl bis zum Rauchpunkt erhitzen. Die Enten einlegen und unter häufigem Wenden in etwa 8 Minuten von allen Seiten anbraten. Die Vögel wieder herausnehmen.

Das Bratfett aus dem Schmortopf abgießen, die Schalotten, Thymianzweige, Wacholderbeeren und 200 ml Wasser hineingeben und die Enten mit dem Rücken nach unten einlegen. Zugedeckt 10 Minuten garen. Die Enten wenden und weitere 10 Minuten garen.

In der Zwischenzeit die Pflaumen halbieren und entsteinen. Die Früchte mit der Wölbung nach unten leicht fächerförmig in eine große, ofenfeste Form setzen. Unter dem Backofengrill in ausreichendem Abstand von der Hitzequelle 10 bis 15 Minuten garen. Kurz vor Ende der Garzeit mit 2 Esslöffeln Gin beträufeln und, falls es sich um eine säuerliche Pflaumensorte handelt, den Zucker darüber streuen.

Die fertigen Wildenten aus dem Topf nehmen. Die Garflüssigkeit mit den klein geschnittenen Lebern und Herzen sowie dem restlichen Gin 5 Minuten einkochen lassen.

Die Enten tranchieren und auf dem Pflaumenbett anrichten. Die Form zurück in den ausgeschalteten Ofen stellen.

Die reduzierte Garflüssigkeit durch ein Sieb in eine Kasserolle abseihen. Dabei die Rückstände im Sieb gut ausdrücken, damit kein Aroma verloren geht. Die Sauce zum Kochen bringen und die Butter unterschlagen. Erneut zum Kochen bringen und mit Salz und Pfeffer abschmecken. Das Entenfleisch mit der Sauce überziehen und heiß servieren.

Enten fressen für ihr Leben gern Mais. Daher harmoniert ihr Fleisch ganz ausgezeichnet mit Polentascheiben.

Polenta

FÜR 4 PERSONEN

Vorbereitung: 15 Minuten
Garzeit: 10 Minuten

½ l Wasser
1 Prise grobes Salz
2 EL Maiskeimöl
125 g Maisgrieß (Polenta)
20 g Butter
Pfeffer aus der Mühle

In einer mittelgroßen Kasserolle das Wasser mit dem Salz und dem Maiskeimöl zum Kochen bringen. Sobald es aufwallt, langsam den Maisgrieß einstreuen und unter ständigem Rühren 10 Minuten kochen lassen. Am Ende der Garzeit die Butter einarbeiten und mit Pfeffer abschmecken.

Den fertigen Polentabrei in einer mit Öl bestrichenen Auflaufform ausbreiten und 5 Minuten unter den Backofengrill schieben. Die Polenta rautenförmig aufschneiden und in der Form als Beilage zu der Wildente mit Pflaumen servieren.

Die Jagd ist untrennbar mit jenen Stunden verbunden, in denen die Landschaft in das schönste Licht getaucht ist. So gehört es ebenso zu den Jagdfreuden, das Bild dieses Teiches in der Sologne festzuhalten wie die darin lebenden Enten zu schießen.

Wildente
mit Honig und Thymian

*Stockenten sind außerordentlich schmackhaft. Beim Garen brauchen
jedoch – wie bei dem meisten Geflügel – die Keulen etwas länger als die Brust.
Dieses Rezept zeigt eindrucksvoll, wie man beides getrennt garen kann.*

FÜR 4 PERSONEN

Vorbereitung: 10 Minuten
Garzeit: 50 Minuten

2 Stockenten
½ l Kalbsfond (Seite 85)
4 EL Honig
4 Zweige frischer
Thymian
Salz und Pfeffer aus der
Mühle
2 EL Olivenöl

Mit einem Ausbeinmesser die Brustfilets auslösen und die Keulen
abtrennen. Die Entenlebern beiseite stellen. Die Karkassen mit der
Geflügelschere in 4 Teile schneiden.

Den Kalbsfond erhitzen (oder 25 g Instantfond in ½ Liter kochendem
Wasser auflösen). Den Honig, Thymian und die Karkassen zugeben
und 20 Minuten bei mittlerer Hitze einkochen lassen. Sie erhalten
eine dicke, glänzende Sauce. Mit Salz und Pfeffer abschmecken.
Inzwischen in einer Pfanne das Olivenöl erhitzen. Die Entenkeulen
salzen, pfeffern und bei reduzierter Hitze 5 Minuten auf beiden
Seiten anbraten. Die Brustfilets würzen, auf der Hautseite 2 Minuten
anbraten, wenden und weitere 5 Minuten braten.

Die Brustfilets aus der Pfanne nehmen, das Bratfett abgießen. Die Sauce durch ein Sieb in die Pfanne abseihen; dabei den Siebinhalt gut ausdrücken. Die Keulen zugedeckt bei mittlerer Hitze weitere 15 Minuten garen. Die Brustfilets und die Lebern einlegen und in 5 Minuten fertig garen.

Mit Birnen in Rotwein oder einem Quittenpüree (Seite 133) und einer Getreidebeilage servieren.

Birnen in Rotwein

FÜR 4 PERSONEN

Vorbereitung: 5 Minuten
Garzeit: 30 Minuten

2 nicht zu weiche
Williams-Christ-Birnen
350 ml Beaujolais
1 Zimtstange
1 Gewürznelke
2 EL Honig

Die Birnen schälen, halbieren und das Kerngehäuse entfernen.
Den Wein in einer Kasserolle erhitzen, die Gewürze und den Honig einrühren. Die Früchte einsetzen und zugedeckt 30 Minuten bei geringer Hitze pochieren. Falls sie nicht vollständig mit Flüssigkeit bedeckt sind, zwischendurch einmal wenden. Die pochierten Birnen bis zur weiteren Verwendung in dem Wein ziehen lassen.
Vor dem Servieren kurz erhitzen, abtropfen lassen und halbiert oder fächerförmig aufgeschnitten auf Tellern anrichten.
Birnen reifen nach der Ernte nach. Kaufen Sie daher feste Früchte. Außer zu Ente passen Birnen als Beilage auch hervorragend zu Rehwild. Den Wein können Sie zum Garen von Dörrpflaumen oder getrockneten Feigen wieder verwenden.

Dunkler Kalbsfond

ERGIBT 1 ½ LITER

Vorbereitung: 15 Minuten
Garzeit: mindestens
3 Stunden

1 große Möhre
1 Stange Bleichsellerie
Das Grüne von 1 Lauch-
stange
1 Zwiebel
1 ganze Knoblauchknolle
1,5 kg Kalbsknochen,
gehackt
2 EL Traubenkernöl
1 kleine Dose Tomaten-
mark
5 Wacholderbeeren
1 Bouquet garni
2 ½ l kaltes Wasser

Das Gemüse sorgfältig waschen und ungeschält grob zerkleinern; die Knoblauchknolle halbieren. In einem Schmortopf mit dickem Boden die Kalbsknochen in dem heißen Öl 8 bis 10 Minuten anrösten. Das Tomatenmark zugeben und mit einem Holzspatel den Bratensatz vom Topfboden losrühren. Das Gemüse hinzufügen und kurz mitrösten. Die Wacholderbeeren und das Bouquet garni einlegen und mit dem Wasser auffüllen. Zum Kochen bringen und zugedeckt mindestens 3 Stunden köcheln lassen. Zwischendurch regelmäßig den sich an der Oberfläche absetzenden Schaum abschöpfen. Je länger Sie die Knochen auskochen, desto besser wird der Fond.
Den Fond durch ein mit einem Tuch ausgelegtes Sieb abseihen. Falls Sie ihn nicht gleich weiterverwenden, im eiskalten Wasserbad rasch erkalten lassen. Gegebenenfalls in Portionen von ½ Liter einfrieren.

Warmer Geflügelmägen-Salat
mit Wildenten-Kraftbrühe

FÜR 4 PERSONEN

Vorbereitung: 10 Minuten
Ruhezeit: 1 Stunde
Garzeit: 1 Stunde und
40 Minuten

12 Geflügelmägen
Salz und Pfeffer aus der
Mühle
1 Möhre
1 Lauchstange oder
1 Stange Bleichsellerie
1 Schalotte, geschält und
mit 1 Nelke gespickt
Karkassen und Geflügel-
klein von 4 Wildenten
(oder einem anderen
Wildgeflügel)
1 EL Traubenkernöl
1 EL Tomatenmark
1 Bouquet garni
200 g gemischte Wald-
pilze
3 EL Sesamöl
1 EL Cidre-Essig
1 TL Senf
1 Kopf Friséesalat

Die Geflügelmägen salzen und pfeffern, in Frischhaltefolie einschlagen und 1 Stunde bei Raumtemperatur ruhen lassen. Das Röstgemüse (Möhre, Lauch oder Bleichsellerie und Schalotte) putzen und
grob zerkleinern.

Zunächst die Wildenten-Kraftbrühe zubereiten: Mit der Geflügelschere oder einem Schlagmesser die Karkassen in Stücke zerteilen.
Mit Salz und Pfeffer würzen. In einem großen Schmortopf das Traubenkernöl erhitzen, Karkassen und Entenklein darin bei großer Hitze
unter ständigem Rühren mit einem Holzlöffel etwa 10 Minuten anrösten. Sobald die Knochen eine braune Farbe angenommen haben,
das Röstgemüse, Tomatenmark und das Bouquet garni zugeben und
unter Rühren kurz mitrösten. Mit 2 Liter Wasser auffüllen und bei
mittlerer Hitze 30 Minuten köcheln lassen.

Die Geflügelmägen in die Brühe einlegen, mit Salz und Pfeffer abschmecken und auf niedriger Stufe 1 weitere Stunde leise köcheln
lassen.

Kurz vor Ende der Garzeit die Pilze putzen und in dünne Scheiben
schneiden. Aus dem Sesamöl, Cidre-Essig und dem Senf eine
Vinaigrette zubereiten. Die Geflügelmägen ausstechen, in Scheiben
schneiden und das noch warme Fleisch in der Vinaigrette wenden.
Den Salat putzen und in mundgerechte Stücke zerteilen. Die Kraftbrühe durch ein Passiertuch abseihen. Die Pilzscheiben etwa 5 Minuten in der Brühe gar ziehen lassen. Den Salat unter die Geflügelmägen
in der Vinaigrette mischen und mit der heißen Kraftbrühe servieren.
Sie können anstelle des Salats auch eine Quiche zu der Kraftbrühe
servieren – eine einfache und dennoch schmackhafte Mahlzeit.

*Pfifferlinge, Austernpilze, Ritterlinge, Riesenschirmlinge und andere
Varietäten sollten erst unmittelbar vor dem Zerschneiden und nur kurz abgespült werden, da sie sonst weich werden und sich verfärben. Besser ist es,
sie lediglich mit einem feuchten Tuch abzureiben.*

Entenleberterrine
natur

Diese Entenleberterrine ist ungemein delikat, dabei ist ihre Zubereitung ganz einfach. Da sich die Terrine gut verpackt an einem kühlen Ort fast 2 Wochen hält, haben Sie genügend Zeit, ein paar Freunde einzuladen und die Terrine gemeinsam bei einem Glas gut gekühlten, lieblichen Weines zu genießen.

FÜR 6 BIS 8 PERSONEN

Vorbereitung: 10 Minuten plus 20 Minuten am Vortag
Marinieren: 15 Stunden
Garzeit: 1 Stunde und 40 Minuten
Ruhezeit: mindestens 4 Tage

2 Entenstopflebern von insgesamt 1 kg
100 ml Milch (bei Bedarf)
12 g Salz
1 Prise weißer Pfeffer
1 TL Puderzucker
½ TL Paprikapulver
1 EL Cognac, vermischt mit 2 EL Portwein

Die Lebern an einem kühlen Ort vorbereiten: Die beiden Lappen auseinander klappen und die Blutgefäße herausziehen. Zum Ausschwemmen etwaiger Blutreste die Lebern 1 Stunde in die Milch legen.

Die Lebern auf einem großen Stück Alufolie in eine flache Form legen. Salz, Pfeffer, Puderzucker und Paprikapulver vermischen und die Lebern von allen Seiten damit bestreuen, auch zwischen den beiden Lappen. Mit der Cognac-Portwein-Mischung beträufeln, sorgfältig in die Alufolie einschlagen und im Kühlschrank mindestens 12 Stunden marinieren lassen.

Am folgenden Tag die Entenlebern aus der Folie wickeln und Raumtemperatur annehmen lassen. Vorsichtig in eine Terrinenform mit etwa 1 ½ Liter Fassungsvermögen drücken. Mit Alufolie bedecken und 3 bis 4 Sunden bei Raumtemperatur ruhen lassen.

Den Ofen auf 70 °C vorheizen. Die Terrine in ein vorbereitetes Wasserbad setzen und zugedeckt im Ofen etwa 1 Stunde und 40 Minuten garen. Sie ist fertig, sobald die Temperatur im Innern 60 °C beträgt (zur Garprobe eignet sich am besten ein Ofenthermometer). Die Terrine aus dem Ofen nehmen, das Fett abgießen und kalt stellen.

Ein in Alufolie eingewickeltes Brett, das etwas kleiner ist als die Terrinenform, auf die Terrine legen und mit einem Gewicht beschweren. Für mindestens 6 Stunden in den Kühlschrank stellen.

Das Gewicht und Brett entfernen und das inzwischen etwas abgekühlte Fett gleichmäßig auf der Terrinenoberfläche verteilen. Mit Frischhaltefolie bedecken und 4 bis 5 Tage kalt stellen.

Die Terrine in Scheiben schneiden, dazu die Messerklinge zuvor in warmes Wasser tauchen. Die Terrinenscheiben auf Baguette oder gerösteter Brioche anrichten, mit einer Umdrehung Pfeffer aus der Mühle würzen und servieren.

Wachteltopf
auf provenzalische Art

Gestatten Sie Ihren Gästen bei diesem Gaumenschmaus ruhig, mit den Fingern zu essen, um die Knochen dieses wohlschmeckenden kleinen Vogels restlos abzunagen.

FÜR 6 PERSONEN

Vorbereitung: 30 Minuten
Garzeit: 35 Minuten

6 Wachteln
Salz und Pfeffer aus der Mühle
8 Knoblauchzehen
100 g geräucherter Bauchspeck mit Schwarte
600 g Tomaten, enthäutet, gewürfelt, mit ihrem Saft
250 g entsteinte grüne Oliven
1 EL Kräuter der Provence, zerrieben
2 Lorbeerblätter
3 EL trockener Weißwein

Die küchenfertigen Wachteln salzen und pfeffern.

Die ungeschälten Knoblauchzehen in kochendem Wasser etwa 5 Minuten blanchieren, abgießen. Die Zehen mit dem Messerrücken andrücken und das Fruchtfleisch herauslösen.

Den Boden und die Seitenränder eines gusseisernen Schmortopfes mit dem Speck einreiben. Den Speck im Topf heiß werden lassen und die Wachteln bei großer Hitze und unter häufigem Wenden mit einem Holzlöffel 5 bis 6 Minuten in dem Speckfett Farbe nehmen lassen. Die Wachteln herausnehmen.

Die Tomaten, Oliven, Kräuter der Provence, Lorbeerblätter und den Knoblauch in den Schmortopf füllen und unter häufigem Umrühren bei starker Hitze etwa 10 Minuten köcheln lassen. Sobald die Tomaten zerfallen sind, den Wein zugießen. Die Wachteln wieder in den Topf einsetzen, mit Salz und Pfeffer würzen und zugedeckt bei reduzierter Hitze weitere 12 bis 14 Minuten garen.

Die Wachteln auf Croûtons auf vorgewärmten Tellern anrichten und mit dem Gemüse umgeben oder im Topf servieren. Als Beilage passt ein Kartoffel- oder Zucchinigratin.

Wachtel im „Apfelnest"

Alle zur Jagd freigegebenen kleinen Wildvögel können auf diese Weise zubereitet werden. Ihr Aroma bleibt gefangen in dem „Apfelnest", während der köstliche Bratensaft das Brot durchtränkt.

FÜR 2 PERSONEN

Vorbereitung: 10 Minuten
Garzeit: 20 Minuten

2 große Äpfel einer
säuerlichen Sorte
1 kleine Wachtel
(½ Wachtel pro Person)
Salz und Pfeffer aus der
Mühle
2 Scheiben Bauernbrot
80 g Butter
4 getrocknete Aprikosen
4 EL Calvados

Von jedem Apfel einen Deckel abschneiden und beiseite legen. Das Kerngehäuse ausstechen und das Innere so aushöhlen, dass eine Wachtelhälfte später darin Platz hat. Dabei darf am Boden der Frucht ruhig ein Loch entstehen. Die Schale der Äpfel rundherum einritzen. Die Wachtel großzügig salzen, pfeffern und halbieren. Die Hälften in einer kleinen Pfanne von beiden Seiten 2 Minuten ohne Zugabe von Fett anbraten. Den Ofen auf 200 °C vorheizen.

Die Brotscheiben von beiden Seiten mit Butter bestreichen. Die Unterseiten der Äpfel mit einem Stück getrockneter Aprikose verschließen und die Wachtel in die Aushöhlung stecken. Die Brotscheiben in ofenfeste Förmchen einlegen und die Äpfel darauf setzen. Die Wachtel mit dem Calvados beträufeln, 1 Butterflöckchen aufsetzen und die Apfeldeckel auflegen. Die restlichen Aprikosen in kleine Würfel schneiden und die Äpfel zur Stabilisierung damit umlegen. 20 Minuten garen.

Servieren Sie die Wachtel mit Maronen in Geflügelbrühe mit Sellerie und einem Kompott aus geschälten, in Würfel geschnittenen Birnen, die Sie 8 bis 10 Minuten ohne Zugabe von Flüssigkeit garen und mit reichlich Pfeffer abschmecken.

Maronen in Geflügelbrühe

FÜR 6 PERSONEN

Vorbereitung: 30 Minuten
Garzeit: 20 Minuten

400 g Maronen
2 Stangen Bleichsellerie
½ l Geflügelbrühe
(Seite 125)
1 Prise Paprikapulver
(edelsüß oder scharf)

Die Maronen mit einem scharfen Messer von der Unterseite bis zur Spitze einschneiden und die braune Schale entfernen. Den zarten Teil des Sellerie fein würfeln, sodass Sie etwa 1 Esslöffel erhalten. Beiseite stellen.

In einer Kasserolle die Geflügelbrühe mit dem restlichen Sellerie und dem Paprikapulver erhitzen.

In einer weiteren kleinen Kasserolle 200 ml Wasser zum Kochen bringen. 100 Gramm der Maronen 5 Minuten darin köcheln lassen,

herausheben und einige Minuten in eine Plastiktüte legen. Sobald sie
etwas abgekühlt sind, mit einem Messer die Innenhaut abziehen. Mit
den restlichen Maronen auf gleiche Weise verfahren. Die geschälten
Maronen in der kräftig abgeschmeckten Brühe etwa 20 Minuten
ziehen lassen, ohne zu kochen. Kurz vor dem Servieren mit einem
Schaumlöffel aus der Brühe nehmen (gegebenenfalls in der für sie
bestimmten Wildsauce noch einmal erhitzen) und mit den rohen
Selleriewürfeln bestreuen.

Fasan in der Folie
mit Walnuss-Rosinen-Füllung
und Kürbispüree

Dieses Rezept bringt den charakteristischen Eigengeschmack des Fasans hervorragend zur Geltung und verleiht seinem oftmals trockenen Fleisch gleichzeitig Zartheit und Fülle. Lässt man das Garfett beiseite, ist es zudem sehr bekömmlich. Für die Füllung können Sie auch eine chipolata oder eine andere Wurst aus rohem Brät verwenden und den Frischkäse durch einen Kräuterquark mit Knoblauch ersetzen.

FÜR 4 BIS 5 PERSONEN

Vorbereitung: 10 Minuten plus 20 Minuten am Vortag
Marinierzeit: 24 Stunden
Garzeit: 1 Stunde und 5 Minuten

1 Fasan von 800 g, küchenfertig
Salz und Pfeffer aus der Mühle
Olivenöl

Für die Füllung:
1 rohe Schweinswurst mit Kräutern (100 g)
1 *petit-suisse* (30 g) oder ein anderer fetter Frischkäse
2 EL Pineau des Charentes (Likörwein)
50 g Rosinen
25 g Walnusskerne, gehackt

Für das Kürbispüree:
1 kg Gartenkürbis
50 g leicht gesalzene Butter

Am Vortag die Wurst der Länge nach aufschneiden und das Brät herauslösen. In einer Schüssel mit dem Frischkäse, Pineau, den Rosinen und Walnüssen gründlich vermengen.

Den Fasan von innen und außen mit Salz und Pfeffer würzen. Mit der vorbereiteten Farce füllen. Die Öffnung mit Küchengarn zunähen oder mit Holzspießchen verschließen und den Vogel mit Küchengarn dressieren. Mit Olivenöl einreiben, in Alufolie einwickeln und 24 Stunden im Kühlschrank marinieren lassen.

Am nächsten Tag den Fasan 1 Stunde vor der Zubereitung aus dem Kühlschrank nehmen. Den Kürbis schälen und in etwa ein Dutzend Stücke schneiden.

Den Ofen auf 210 °C vorheizen.

Den Fasan in der Folie in eine ofenfeste Form setzen und im Ofen 45 Minuten garen. Im ausgeschalteten Ofen noch 10 Minuten ruhen lassen.

Die Kürbisstücke mit 100 ml Wasser in einer Kasserolle zugedeckt in 15 Minuten weich kochen. Die Butter zufügen, mit dem Mixstab pürieren und das Püree weitere 5 Minuten unter Rühren garen, bis die überschüssige Flüssigkeit verkocht ist.

Den Fasan aus der Folie wickeln und in der Form tranchieren. Das Fleisch, die Füllung und das Kürbispüree auf einer gut vorgewärmten Servierplatte anrichten. Eine Mulde in dem Püree bilden und den beim Tranchieren des Fasans aufgefangenen Jus hineingießen.

Fasanenterrine
mit Trockenfrüchten

FÜR 15 BIS 25 PERSONEN

Vorbereitung: 1 ½ Stunden
Garzeit: etwa 1 Stunde
und 10 Minuten
Marinierzeit: mindestens
6 Stunden
Ruhezeit: mindestens
2 Tage

2 große Fasane, küchen-
fertig
100 g geräucherter Speck
500 g ausgelöste Schwei-
neschulter
300 g rohes Bratwurstbrät
2 TL *quatre épices* (Ge-
würzmischung aus Zimt,
Nelke, Pfeffer und
Muskatnuss)
½ TL gemahlener Piment
20 g Salz
2 EL Obstbrand
5 Eier, verschlagen
2 EL Schnittlauchröllchen
100 g Haselnusskerne
150 g entsteinte Dörr-
pflaumen
150 g getrocknete Apri-
kosen

Die Fasane entbeinen, die Haut zurückbehalten. Die Karkassen
können Sie für die Zubereitung einer Wildgeflügelbrühe (Seite 125)
verwenden oder zum späteren Gebrauch einfrieren.

Den Speck in feine Streifen schneiden. Das Schweine- und Fasanen-
fleisch fein hacken oder durch die grobe Scheibe des Fleischwolfs drehen. Mit dem Brät, den Gewürzen, dem Obstbrand, den verschlagenen
Eiern und dem Schnittlauch gleichmäßig vermengen und 6 Stunden bei
Raumtemperatur oder über Nacht im Kühlschrank marinieren lassen.

Den Ofen auf 150 °C vorheizen und in einer Bratenpfanne ein
Wasserbad vorbereiten.

Die Haselnusskerne in einer kleinen Pfanne unter Rühren etwa 2 Minuten ohne Zugabe von Fett rösten. In ein grobes Küchentuch wickeln
und aneinander reiben, um die Außenhaut zu entfernen. Die Pflaumen
und Aprikosen halbieren und mit den Nüssen mischen. Beiseite stellen.

Den Boden von 2 Terrinenformen mit je 1 ½ Liter Inhalt mit einigen
Frucht- und Speckstückchen auslegen und anschließend immer im
Wechsel eine Schicht Fleischfarce und eine Schicht Früchte und
Speck einfüllen. Die Oberfläche der Terrinen mit der Fasanenhaut
großzügig bedecken und sorgfältig an den Rändern einschlagen.

Die Terrinen im Wasserbad im Ofen 1 Stunde und 10 Minuten garen
(die Garzeit verlängert sich um 10 Minuten, wenn Sie die vorbereiteten Terrinen zuvor im Kühlschrank aufbewahrt haben).

Die fertigen Terrinen in Eiswasser rasch auskühlen lassen, mit Frischhaltefolie sorgfältig abdecken, damit sich das Aroma nicht verflüch-
tigt, und kalt stellen. Bis zum Verzehr möglichst 2 bis 3 Tage durchziehen lassen, so schmeckt sie noch besser. Die Terrine hält sich bis
zu 1 Woche.

Sie können sie wie bei einer Jägersmahlzeit in der Form servieren
oder auch auf einer Platte dekorativ anrichten. Zum Herauslösen der
Terrine mit einem Messer am Rand der Form entlangfahren. Dazu
passt als Beilage ein Rübenpüree mit Essig (Seite 157) und ein Blatt-
salat der Saison.

Suprême vom Fasan mit Leber-Croûtons und Salat-Chiffonnade

Die gebratenen Brustfilets des Fasans verdienen in der Tat ihre französische Bezeichnung „Suprême" – das Höchste –, denn die kurze Garzeit hält das Fleisch schön zart und saftig. Mit Lebercreme bestrichene Croûtons sind eine traditionelle Begleitung zu Wildgerichten.

FÜR 4 PERSONEN ALS HAUPTGERICHT ODER FÜR 6 PERSONEN ALS VORSPEISE

Vorbereitung: 15 Minuten
Garzeit: 7 Minuten

6 Scheiben Weißbrot
50 g Butter
6 Fasanenbrustfilets von je 130 g
Salz und Pfeffer aus der Mühle
5 EL Olivenöl
3 Fasanen- oder Geflügellebern
50 g Enten- oder Gänselebercreme
1 EL Cognac
2 EL Balsamico-Essig
1 Kopf Eichblattsalat
1 Radicchio di Treviso
Einige Blätter glatte Petersilie, gehackt

Die Weißbrotscheiben mit der Butter bestreichen und in einer großen Pfanne von beiden Seiten rösten. Beiseite stellen.

Die Fasanenbrüste von beiden Seiten salzen und pfeffern und in derselben Pfanne mit 2 Esslöffeln Olivenöl 3 Minuten auf der Hautseite und 2 Minuten auf der anderen Seite braten. Das Fleisch in der Pfanne abseits der Kochstelle 5 Minuten ruhen lassen und anschließend schräg in etwa 1 cm dicke Scheiben schneiden.

Die Lebern in der Pfanne 2 Minuten sautieren. Mit der Lebercreme, dem Cognac, Salz und Pfeffer im Mixer zu einer glatten Creme verarbeiten. Die gerösteten Weißbrotscheiben mit dieser Creme bestreichen.

Den Bratensatz in der Pfanne mit dem Balsamico ablöschen und mit einem Holzspatel losrühren. Die Flüssigkeit in eine Salatschüssel gießen, mit dem restlichen Olivenöl verrühren und mit Salz und Pfeffer abschmecken.

Pro Person 3 Blätter Eichblattsalat und 1 Blatt Radicchio rechnen. Die gewaschenen Blätter aufeinander legen, eng zusammenrollen und in 1 cm breite Streifen (französisch *chiffonade*) schneiden.

Die Salatstreifen in der Vinaigrette wenden und auf Tellern anrichten. Die lauwarmen Suprême-Scheiben rosettenförmig darauf arrangieren, mit der Petersilie bestreuen und servieren.

Rebhühnchen
mit flambierten Calvados-Äpfeln

Mit dieser Zubereitungsart lassen sich Schenkel und Brustfilets besonders junger Wildvögel auf den Punkt garen.
Bei dem früher sehr verbreiteten Braten am Spieß über dem Holzfeuer wurde das Rebhuhn häufig übergart, nicht selten sogar regelrecht verkohlt. Darum wickelte man die bereits mit Weinblättern umhüllten Vögel zusätzlich in eine Scheibe Speck ein.

FÜR 8 PERSONEN

Vorbereitung: 35 Minuten
Garzeit: 50 Minuten

4 junge Rebhühner von je 300 g, ausgenommen, mit ihren Mägen
2 unbehandelte Zitronen
1 Flasche (750 ml) Sauvignon blanc
4 EL Olivenöl
1 gelbe Zwiebel oder 4 Schalotten, geschält
1 Stängel Blattsellerie
1 Zweig Thymian
1 Lorbeerblatt
Salz
5 Äpfel einer säuerlichen Sorte
50 g leicht gesalzene Butter
Pfeffer aus der Mühle
50 g Süßrahmbutter
5 cl Calvados

Die Brustfilets und Schenkel der Rebhühner auslösen. Die Karkasse und das Geflügelklein mit einem Hackmesser oder der Geflügelschere zerkleinern. Die Mägen putzen und beiseite stellen. Die Zitronen sehr dünn schälen. 4 Esslöffel Zitronensaft auspressen. Von dem Weißwein 100 ml abnehmen und beiseite stellen.

In einem gusseisernen Schmortopf 2 Esslöffel Olivenöl sehr heiß werden lassen. Die Geflügelknochen darin und bei großer Hitze 7 bis 8 Minuten rösten. Die geviertelten Zwiebeln oder ganzen Schalotten kurz mitrösten. Sobald sämtliche Zutaten Farbe genommen haben, den Topfinhalt mit dem restlichen Wein und dem Zitronensaft ablöschen und den Bratensatz losrühren. Sellerie, Thymian, Lorbeerblatt sowie die Zitronenschale und die Mägen zufügen, leicht salzen und alles 30 Minuten köcheln lassen.

Inzwischen die Äpfel schälen, entkernen und in Würfel oder Scheiben schneiden. In einer großen Pfanne nach und nach jeweils 5 Minuten in der leicht gesalzenen Butter schwenken. Anschließend pfeffern und in eine feuerfeste Form füllen.

Die Geflügelmägen ausstechen. Den Fond durch ein Sieb abseihen, dabei den Siebinhalt mit dem Löffelrücken gut ausdrücken. Fond und Mägen zurück in den Schmortopf füllen und, während Sie die Schenkel und Brustfilets zubereiten, bei sehr milder Hitze einkochen lassen. Die Schenkel auf der Arbeitsfläche mit einem schweren Messer oder dem Plattiereisen etwas flach klopfen. Von beiden Seiten salzen und pfeffern. In einer großen Pfanne 1 Esslöffel Olivenöl erhitzen und die Schenkel – zuerst mit der Haut nach unten – von beiden Seiten je 1 Minute anbraten. Die Schenkel in den Fond einlegen, den Topf mit einem Deckel verschließen und weitere 15 Minuten leise köcheln lassen. Den Bratensatz in der Pfanne mit der Hälfte des zurückbehaltenen Weines ablöschen, losrühren und in den Fond gießen. Den Fond von der Kochstelle nehmen.

Die Brustfilets salzen und pfeffern und in dem restlichen Olivenöl von beiden Seiten je 6 bis 7 Minuten braten. Zu den Schenkeln in den Schmortopf geben.

Den Bratensatz mit dem restlichen Wein ablöschen und unter kräftigem Rühren die Süßrahmbutter einarbeiten, bis die Flüssigkeit zu einer geschmeidigen Sauce emulgiert ist. Die Sauce abschmecken und über das Fleisch in den Schmortopf gießen.

Die Äpfel erneut erhitzen, mit dem heißen Calvados übergießen und flambieren.

Das Grillen über dem offenen Feuer hatte ursprünglich etwas Sakrales, wobei die besten Stücke Gott geweiht waren. In der heutigen Zeit sind Grillgerichte immer ein guter Anlass, zu einem rustikalen Festschmaus einzuladen.

Gegrillte Rebhühnchen
auf Pfifferling-Escabèche

Escabèche heißt zu Deutsch „Mariniertes". Hier ist es eine aromatische Brühe, die sich wunderbar zum Garen von Pfifferlingen eignet. Wählen Sie für dieses Rezept Rebhühner, die nicht älter als ein Jahr sind; ihr Fleisch ist besonders zart.

FÜR 6 PERSONEN

Vorbereitung: 20 Minuten
Marinierzeit: 6 Stunden
Garzeit: 25 Minuten

3 junge Rebhühner von je 300 g, ausgenommen
Salz und Pfeffer aus der Mühle

Für die Marinade:
2 EL Olivenöl
1 TL frischer Thymian, abgezupft
1 TL Salz
½ TL Pfeffer

Für die Escabèche:
300 g Pfifferlinge
1 Möhre
200 g kleine weiße Zwiebeln
3 Knoblauchzehen
3 EL Öl
100 ml Weißwein
Salz und Pfeffer aus der Mühle

Zunächst die Rebhühner halbieren. Dazu mit einem Messer die Brustfilets auf beiden Seiten entlang dem Brustbein 2 cm tief ablösen, um den Knochen freizulegen. Mit einer Geflügelschere den Brustkorb aufschneiden, ohne die Filets zu verletzen. Das Rückgrat herausschneiden und die halbierten Vögel salzen und pfeffern.

In einer Schüssel sämtliche Zutaten für die Marinade vermengen. Die Rebhühner darin einlegen, mit Frischhaltefolie abdecken und bei Raumtemperatur 6 Stunden, an einem kühlen Ort etwas länger, marinieren lassen.

Inzwischen die Escabèche zubereiten: Die Pfifferlinge putzen, einige schöne Exemplare beiseite legen. Die Möhre, die Zwiebeln und den entkeimten Knoblauch schälen und in sehr feine Scheiben schneiden. In einer großen Pfanne das Öl erhitzen und das klein geschnittene Gemüse darin bei großer Hitze 3 Minuten sautieren. Mit dem Wein ablöschen, salzen, pfeffern, die weniger schönen Pfifferlinge zufügen und 3 Minuten garen.

Die Rebhühner mit der Innenseite nach unten auf einen Bratrost legen und über einer Servierplatte in mindestens 20 cm Abstand von der Hitzequelle unter den Backofengrill schieben. Die Rebhühner 17 bis 18 Minuten grillen. Dabei regelmäßig den Bräunungsgrad der Vögel kontrollieren. Bräunen sie zu schnell, den Rost um eine Einschubleiste nach unten versetzen und das Fleisch mit Alufolie bedecken. Die Vögel nach Ende der Garzeit noch 5 Minuten im ausgeschalteten Ofen ruhen lassen. Inzwischen die Escabèche erneut erhitzen und die verbliebenen Pfifferlinge 3 Minuten darin garen. Die Servierplatte mit dem aufgefangenen Bratensaft aus dem Ofen nehmen. Die Pfifferling-Escabèche darauf anrichten und mit dem Saft vermengen. Die gegrillten Rebhuhnhälften auf die Pilze setzen und heiß servieren.

Rebhuhn mit zweierlei Kohl und Räucherwurst

Dieses Rezept empfiehlt sich besonders zum Ende der Jagdsaison, wenn aus den Jungvögeln ausgewachsene Rebhühner geworden sind. Sie können für dieses Rezept aber auch genauso gut zwei Fasane nehmen.

Vorbereitung: 20 Minuten
Garzeit: 1 Stunde und
10 Minuten

1 kleiner Kopf Wirsing
Salz
300 g kleiner Rosenkohl
200 g roher Bauchspeck
10 Wacholderbeeren
3 Rebhühner von je 300 g,
ausgenommen
Pfeffer aus der Mühle
2 *petits-suisses* (je 30 g)
oder ein anderer fetter
Frischkäse
80 g Butter
1 Bouquet garni
1 große geräucherte Koch-
wurst
200 ml Weißwein
(z. B. Chablis)
Scharfer Senf
Französischer Senf mit
roten Früchten (z. B.
Himbeeren oder
Johannisbeeren)

Den Wirsingkopf vierteln und in Streifen schneiden. In einer großen Kasserolle gesalzenes Wasser zum Kochen bringen und die Kohlstreifen darin 3 Minuten blanchieren. Mit dem Schaumlöffel herausnehmen und abtropfen lassen. In demselben Wasser den Rosenkohl ebenfalls 3 Minuten blanchieren und abtropfen lassen. Den Speck in kaltem Wasser aufsetzen und nach dem Aufwallen 30 Sekunden kochen lassen. Kalt abschrecken. Die Wacholderbeeren mit der Klinge eines schweren Messers zerdrücken.

Die küchenfertigen Rebhühner innen und außen salzen und pfeffern. Den Frischkäse mit Salz, Pfeffer sowie 2 zerdrückten Wacholderbeeren würzen und in die Bauchhöhlen der Vögel füllen. In einem großen, gusseisernen Schmortopf die Butter zerlassen und die Rebhühner darin von allen Seiten 5 Minuten goldbraun anbraten. Herausnehmen und den Speck hineinlegen. Den Wirsing, das Bouquet garni und die restlichen Wacholderbeeren zufügen und die Rebhühner wie in ein Nest wieder einsetzen. Den Rosenkohl um die Vögel herum verteilen, den Topf verschließen und alles 30 Minuten bei geringer Hitze sanft garen.

Die Kochwurst drei- bis viermal mit der Messerspitze einstechen und zu den anderen Zutaten in den Schmortopf geben. Darauf achten, dass der Kohl nicht am Topfboden ansetzt. Den Wein zugießen und weitere 30 Minuten garen.

Die Rebhühner, den Speck und die Wurst aus dem Topf nehmen und in je 8 bis 10 Stücke zerteilen. Den Kohl auf einer gut vorgewärmten Servierplatte verteilen und das Fleisch darauf anrichten. Mit verschiedenen Senfsorten servieren.

Ringeltauben mit Rotweinsauce auf Tagliatelle

Dieses Gericht duldet, sobald alles gar ist, keinen Aufschub. Die zarten Brustfilets und die frischen Tagliatelle werden erst unmittelbar vor dem Servieren fertig gestellt; der zeitliche Ablauf muss minuziös stimmen.
Die Tauben, die wir für unser Rezept verwendeten, hatten den Kropf voller Sonnenblumenkerne und Rapsblätter. Dieser Hautsack muss mitsamt Inhalt entfernt werden, ebenso das Gescheide oberhalb des Bürzels.
Dafür hat die Leber keine Gallenblase.

FÜR 4 PERSONEN

Vorbereitung: 30 Minuten
Garzeit: 55 Minuten

4 junge Ringeltauben
von je 300 g, pariert, mit
den Mägen und Lebern
½ l Rotwein
25 g dunkler Instantfond
(Paste)
25 g Schalotten, gehackt
Salz und Pfeffer aus der
Mühle
Traubenkernöl
400 g frische Tagliatelle
40 g Butter

Die Keulen von den Tauben abtrennen und die Brustfilets mit den Flügeln auslösen. Die Mägen putzen. Die Lebern mit den Brustfilets beiseite legen.

In einer großen Kasserolle den Wein mit der Fondpaste und den Schalottenwürfeln zum Kochen bringen. Die Keulen großzügig salzen und pfeffern und in ein paar Tropfen Traubenkernöl in einer Pfanne von beiden Seiten anbraten. Zusammen mit den Mägen in den siedenden Wein einlegen und bei geringer Hitze 45 Minuten köcheln lassen. Das Fleisch und die Mägen ausstechen. Die Mägen fein würfeln, zurück in den Wein geben und diesen, während Sie die Filets zubereiten, reduzieren.

In einer großen Kasserolle 2 ½ Liter Wasser mit 1 Esslöffel Öl und 30 Gramm Salz zum Kochen bringen.

Die Filets und Lebern salzen und pfeffern. Etwas Öl in der ausgewischten Pfanne erhitzen, die Brustfilets mit der Hautseite nach unten einlegen und 6 Minuten bei mittlerer Hitze braten. Die Filets wenden und weitere 3 Minuten braten. Im selben Moment die Lebern zugeben und mitbraten.

Die Tagliatelle in das sprudelnd kochende Salzwasser geben und unter gelegentlichem Rühren in 5 Minuten garen. Abseihen, kurz abtropfen lassen und in einer Kasserolle in der Butter schwenken.

Die Tagliatelle auf die vorgewärmten Teller verteilen und zu einem Nudelbett ausbreiten. Jeweils 2 Keulen, 2 Filets und 1 Leber darauf arrangieren und mit der Rotweinsauce überziehen.

Geschmorte Tauben
mit Champignons

Ich habe für dieses Rezept ganz wunderbare Zuchttauben verwendet. Der erfahrene Jäger und Koch weiß natürlich, dass er die Garzeit dem Gewicht und Alter des erlegten Wildes anpassen muss. Dieses Gericht ist besonders für jene geeignet, die nicht ganz durchgegartes oder sogar noch blutiges Fleisch nicht mögen. Rechnen Sie aber 3 Stunden Garzeit, wenn das Fleisch förmlich vom Knochen fallen soll.

FÜR 6 PERSONEN

Vorbereitung: 20 Minuten
Garzeit: etwa 2 Stunden

300 g Zwiebeln
4 EL Traubenkernöl
40 g Butter
150 g leicht gepökelter Bauchspeck, ohne Schwarte
3 Zuchttauben von je 450 g, mit den Lebern
Salz
½ l trockener Weißwein
350 ml Geflügelbrühe (Seite 125)
1 TL Wacholderbeeren, zerdrückt
1 Bouquet garni
300 g Champignons, geputzt
Pfeffer aus der Mühle

Die Zwiebeln schälen und in Scheiben schneiden. In einem gusseisernen Schmortopf 2 Esslöffel Öl und die Hälfte der Butter heiß werden lassen und die Zwiebeln 7 bis 8 Minuten unter Rühren darin anschwitzen. Sobald sie Farbe zu nehmen beginnen, mit einem Schaumlöffel herausnehmen. Den Speck in Streifen schneiden, in kaltem Wasser aufsetzen und nach dem Aufwallen 2 Minuten blanchieren. Abtropfen lassen.

Die Taubenlebern kalt stellen. Das Geflügelklein (Hals und Flügelspitzen) abtrennen. In dem Schmortopf 2 Esslöffel Öl und die restliche Butter erhitzen und die leicht gesalzenen Tauben mit dem Geflügelklein darin 8 Minuten von allen Seiten anbraten. Den Speck und die Zwiebeln zugeben. Sobald alles Farbe genommen hat, mit dem Wein und der Brühe ablöschen. Die zerdrückten Wacholderbeeren, das Bouquet garni und die in Scheiben geschnittenen Champignons hinzufügen. Den Topf mit einem Deckel verschließen und die Tauben, zunächst ohne zu würzen, schmoren. Da die Garzeit relativ lang ist, sollte erst nach etwa 1 Stunde mit Salz und Pfeffer gewürzt werden. Während des Schmorens darauf achten, dass die Zutaten nicht am Topfboden ansetzen. Im Bedarfsfall etwas Wasser zugießen. 5 Minuten vor Ende der Garzeit die Lebern einlegen.

Die fertigen Tauben in dem verschlossenen Topf 15 Minuten ruhen lassen. Die Vögel tranchieren, Karkassen und Geflügelklein entfernen. Die Sauce abschmecken und je nach gewünschter Menge und Konsistenz einkochen lassen. Vor dem Servieren das Fleisch in der Sauce wieder erwärmen. Wenn Sie die Tauben bereits am Morgen für den Abend zubereiten, den Topf an einen kalten Ort stellen. Als Beilage passt Polenta (Seite 83).

Gefüllte Tauben
mit Roueneser Sauce

Für das Gelingen dieses Gerichts sollte man den Garprozess stets im Auge behalten. Die Füllung und die Sauce – eine würzige Rotweinsauce mit Entenleber – sind der Ente à la rouennaise entlehnt. Doch anstelle der verbreiteten Methode, eine Ente zu ersticken, damit ihr Fleisch eine dunklere rötliche Färbung erhält, bevorzuge ich das köstliche und bereits von Natur aus tiefrote Fleisch der Ringeltaube.

FÜR 6 PERSONEN

Vorbereitung: 1 Stunde
Garzeit: etwa 1 Stunde

6 Ringeltauben von
je 300 g, mit Innereien
300 g Champignons
1 große Zwiebel
1 Bund Petersilie
40 g Butter
50 g geräucherter Speck,
in Streifen geschnitten
Salz und Pfeffer aus der
Mühle
½ TL Currypulver
6 Croûtons oder geröstete
Toastbrotscheiben
(10 × 10 cm)

Für die Roueneser Sauce:
50 g Butter
6 Hähnchenflügel
2 EL gehackte Schalotten
4 EL Calvados
1 Flasche (750 ml) Beau-
jolais
1 Bouquet garni
2 Möhren
½ TL Salz
Pfeffer aus der Mühle
150 g Entenlebern
Senf (nach Belieben)

Zunächst die Farce zubereiten. Die Champignons putzen und ebenso wie die Taubenlebern und -herzen sowie die geschälte Zwiebel in feine Scheiben schneiden. Die Petersilienblätter abzupfen, die Stängel für die Sauce beiseite legen.

Die Hälfte der Butter in einem Schmortopf zerlassen und den Speck darin 3 Minuten anschwitzen. Die Champignons und die Zwiebel kurz mitschwitzen, würzen. Nach 5 Minuten die Innereien zufügen und 1 Minute weitergaren. Den Topfinhalt mit der Petersilie im Mixer oder in der Küchenmaschine zu einer Farce verarbeiten.

Eine große, ofenfeste Form buttern und mit 3 Esslöffeln Wasser befeuchten. Den Ofen auf 230 °C vorheizen.

Die Tauben salzen und pfeffern und mit je etwa 80 Gramm Farce füllen. Die Bauchhöhlen mit kleinen Holzspießen verschließen. Die Tauben mit der restlichen Butter bestreichen und in die Form setzen.

Für die Sauce in einem Schmortopf die Hälfte der Butter zerlassen. Die Hähnchenflügel darin Farbe nehmen lassen; die Schalotten kurz mitschwitzen und mit dem Calvados flambieren. Den Wein zugießen, das Bouquet garni und die Petersilienstängel einlegen sowie die geschälten, in drei Teile geschnittenen Möhren. Würzen, zum Kochen bringen und unbedeckt 30 Minuten köcheln lassen.

Inzwischen die Tauben im Ofen 15 bis 18 Minuten braten. Die Vögel entlang dem Brustbein aufschneiden. Das Fleisch sollte noch rosafarben sein. Gart es zu lange, wird es schnell trocken! Die Tauben aus der Form nehmen und warm stellen.

Die Sauce durch ein Sieb in die Form abseihen und mit einem Holzlöffel den Bratensatz der Tauben losrühren. Abseits der Kochstelle zurück in den Topf gießen. Die Möhren mit der restlichen Butter und den Entenlebern zur Sauce geben und alles mit dem Stabmixer pürieren. Die Sauce wieder leicht erhitzen, kochen sollte sie aber auf keinen Fall mehr, und kräftig abschmecken. Nach Belieben mit einer Messerspitze Senf etwas nachhelfen.

Die Tauben auf den Croûtons anrichten und mit der Sauce nappieren. Mit in Butter geschwenktem Knollenziest *(Stachys)* servieren.

Knollenziest mit Butter

FÜR 6 PERSONEN

Vorbereitung: 15 Minuten
Garzeit: 10 Minuten

1 kg Knollenziest
Grobes Salz
600 ml Geflügelbrühe
(Seite 125)
60 g Butter

Die Enden der kleinen Knollen wegschneiden und die Knöllchen mit einer großzügigen Prise Salz in ein grobes Küchentuch einschlagen. Das Tuch verschließen und die Knöllchen darin mit den Händen auf der Arbeitsfläche aneinander reiben. Das Salz bewirkt, dass sich die Haut ablöst. Den geschälten Knollenziest mehrmals gründlich waschen. Abtropfen lassen.

Die Brühe zum Kochen bringen und das Gemüse 10 Minuten sprudelnd kochen. Kurz abtropfen lassen, in der zerlassenen Butter schwenken und zu den gefüllten Tauben servieren. Knollenziest passt hervorragend zu allen saucenreichen Speisen.

Sie können die Knollen bereits am Vortag kochen und kurz vor dem Servieren in Butter oder Entenfett schwenken.

Traditionelle Mahlzeit in einer Taubenhütte in der Gascogne. Das gerupfte und ausgenommene Geflügel wird gebraten und anschließend mit einer Armagnac-Sauce serviert. Dieser langstielige Kegel dient zum Nappieren der Vögel mit einer Mischung aus Gänse- oder Entenfett, das mit entflammtem *Eau de vie* geschmolzen wird.

Festtagsgeflügel

Geflügel ist an Festtagen sehr beliebt. Was wäre Weihnachten ohne Puten- oder Gänsebraten! Gut die Hälfte des einheimischen Geflügelbedarfs wird in Deutschland produziert und vermarktet. Von den Einfuhren gilt das Geflügel von den Farmen der Bresse im Osten Frankreichs als qualitativ besonders hochwertig. Strenge Kontrollen der Mastbetriebe sorgen für gleich bleibende Qualität. Das AOC-Gütesiegel (Appellation d'Origine contrôlée) garantiert, dass dieses Bresse-Geflügel nach alter Tradition aufgezogen wurde.

Vom Geflügelhof und seinem Klein-vieh ist es nie weit bis zur nächsten Jagdhütte und zum Forstamt. Jäger und Förster sind häufig auch passionierte Gourmets, immer auf der Suche nach noch besseren Produkten für Küche und Keller ...
Neben den täglichen Rundgängen bleibt meist noch genügend Zeit für ein wenig Geflügelzucht. Und auch wenn es für ein begehrtes Qualitätssiegel meist an den finanziellen Mitteln mangelt, so züchten dennoch viele Geflügel von hervorragender Qualität.

Truthahn und Truthenne

Diese begehrten und unter dem Hausgeflügel schwersten Tiere heißen auch Puter beziehungsweise Pute. Der stattliche, im Gehabe und Gefieder imposante Truthahn, der beim Balzen wie der Pfau ein Rad schlägt, wurde von den Konquistadoren „indianischer Hahn" genannt. Denn schon die Indianer delektierten sich an seinem Fleisch und verwendeten seine Federn als Kopfschmuck.

Die Wildform des heutigen Hausgeflügels stammt aus Nordamerika (USA, Mexiko) und hat die ersten amerikanischen Siedler vor dem Hungertod bewahrt. Die Truthenne wurde zum traditionellen Festtagsbraten des „Thanksgiving Day", des amerikanischen Nationalfeiertags. Heute werden je nach Verwendungszweck Kreuzungen bevorzugt, kleinere Vögel für die Zubereitung im Ganzen, große Exemplare, die zu Wurstwaren verarbeitet werden oder zerlegt und portioniert in den Handel gelangen. Letztere stammen leider zumeist aus Batteriehaltung. Das Angebot vor Feiertagen besteht in erster Linie aus einjährigen, fettreichen Hennen mit einem Gewicht von 3 bis 4 Kilogramm.

Gans

Gänse gehören zu den Herbivoren, also Tieren, die sich von kraut- oder grasartigen Pflanzen ernähren. So ist die Zucht im freien Gehege der beste Garant für eine hohe Fleischqualität, zudem ist eine Schar frei laufender Gänse eine Freude für das Auge. Gänse sind neben Enten das einzige Geflügel, das für das in Frankreich verbreitete, in Deutschland aber verbotene Stopfen geeignet ist. Ursprünglich waren sie nämlich Zugvögel, die sich für die lange Reise einen Fettvorrat zulegten. Diesen Instinkt haben sie bewahrt, und nicht selten kann man beobachten, wie Hausgänse auf die Rufe ihrer vorbeiziehenden wilden Artgenossen antworten.

Wenn Sie eine unausgenommene Gans kaufen, behalten Sie das Fett zurück, auch jenes, das die Innereien umhüllt. Ausgelassen und zu Schmalz verarbeitet, ist es lange haltbar und eignet sich hervorragend als Brotaufstrich sowie zum Bräunen (Braten) von Kartoffeln und anderem Gemüse.

Perlhuhn

Das Perlhuhn mit seinen schwarzen, an den Spitzen weiß ge-
tupften Federn ist der schönste unter den Hühnervögeln. Ursprünglich stammt es aus Afrika, wo es noch heute in freier
Wildbahn vorkommt. Der ziemlich menschenscheue Vogel
braucht viel Platz. Gezielte Zuchtmethoden garantieren ein
ganzjähriges Angebot, dennoch sollte man beim Einkauf sicher-
gehen, dass der Vogel genügend Auslauf hatte – möglichst auf
einem mit Kräutern und Gras bewachsenen Untergrund. Junge
Tiere sind zarter als das ausgewachsene Huhn, haben allerdings
nicht dessen geschmackliche Qualitäten.

Masthühnchen, Masthähnchen

Jungmasthühner beiderlei Geschlechts, also noch nicht ge-
schlechtsreife Hühnchen und Hähnchen, werden wie Kapaune
und Poularden auf Farmen nach modernen gewerblichen Me-
thoden aufgezogen, idealerweise in Freilandhaltung, bei der das

Federvieh auf kraut- und grasartig bewachsenem Untergrund frei herumlaufen kann, bevor es noch eine einwöchige Mast durchläuft. Das fleischigere Masthuhn ist einem Hähnchen in jedem Fall vorzuziehen. Achten Sie darauf, dass man Ihnen ein Masthuhn, das nach 5 bis 6 Wochen ein Gewicht von 750 bis 1100 Gramm mitbringt, nicht zum Preis einer kleinen Poularde verkauft, die mit 1,5 bis 1,8 Kilogramm noch etwas schwerer ist.

Poularde

Schwergewichtige Hähnchen, die nach 10 bis 12 Wochen 2 bis 2,5 Kilogramm auf die Waage bringen, werden als Poularde gehandelt. In der Bresse werden die Vögel, um das Fleisch noch schmackhafter und gehaltvoller zu machen, nach der Aufzucht in hölzerne Mastkäfige gesperrt, wo sie neben dem üblichen Körnerfutter zusätzlich Milch und Milchprodukte sowie zuweilen auch gekochten Reis zu fressen bekommen.

Kapaun

Der Bresse-Kapaun ist wie das Bresse-Huhn in Frankreich wie in Deutschland besonders an den Weihnachtsfeiertagen und zum Jahreswechsel sehr beliebt. Er wiegt mindestens 3 Kilogramm. Der Kapaun wird nach 23-wöchiger Aufzucht in Freilandhaltung kastriert und anschließend im Mastkäfig gemästet. Nach 8 Monaten ist er schlachtreif. Geschick und Sachverstand der Produzenten aus der Bresse sind unbestritten, dennoch hat die große Beliebtheit dieser Delikatesse in Frankreich die Preise zum Teil in Schwindel erregende Höhen treiben lassen.

Strauß

Dieser stattliche Vogel mit mehr als 100 Kilogramm Gewicht wird wegen seines Fleisches, Gefieders und seiner Haut, die zu feinstem Leder verarbeitet werden kann, viel gezüchtet. Ausgewachsen ist der Strauß sehr widerstandsfähig, doch die Aufzucht ist nicht ganz einfach. Bereits das Ei muss während des Ausbrütens im Brutofen regelmäßig gewendet werden. Die geschlüpften Küken verbringen noch eine kurze Zeit im Brutkasten, bevor sie im Freiland mit Körnerfutter heranwachsen.

Truthenne mit Morcheln
unter der Teigkruste

Alexandre Dumas schrieb: „Obwohl das Fleisch der Truthenne vortrefflich ist, voller Schmackhaftigkeit, vor allem kalt, und dem Huhn unbedingt vorzuziehen, gibt es Feinschmecker, die ausschließlich ihren Bürzel essen."

FÜR 15 PERSONEN

Vorbereitung: 2 Stunden und 30 Minuten
Abkühlzeit: 1 Stunde
Garzeit: 1 Stunde und 20 Minuten

100 g getrocknete Morcheln
1 fettfleischige Truthenne von etwa 3,5 kg
Salz und Pfeffer aus der Mühle
1,5 kg weiße Teile vom Lauch
2 Stangen Bleichsellerie
4 EL Öl
½ l trockener Weißwein
2 l Geflügelbrühe (Seite 125)
400 g geräucherter Speck
1 kg *duxelles* (Champignon-Farce, Seite 120)
Mehl
250 g Blätterteig
1 Ei

Die Morcheln 20 Minuten in lauwarmem Wasser einweichen.

Die Brustfilets der Truthenne auslösen; die Keulen vom Körper trennen, Ober- und Unterschenkel teilen. Das Fleisch salzen und pfeffern. Den Bürzel, die Leber und den Magen beiseite legen. Die Karkasse, Flügel und den Hals für einen Geflügelfond zurücklegen.

Den Lauch und Sellerie vierteln und anschließend in Streifen schneiden. In einem 10-Liter-Schmortopf das Öl erhitzen und das Fleisch 5 bis 8 Minuten von allen Seiten braun anbraten. Die Brustfilets herausnehmen, das restliche Fleisch mit dem Wein und der Brühe ablöschen. Lauch, Sellerie und den Magen zugeben und mit Salz und Pfeffer würzen. Den Topf mit einem Deckel schließen und alles 20 Minuten sanft köcheln lassen. Die Filets und den Bürzel einlegen und weitere 20 Minuten garen. Die abgetropften Morcheln in 4 bis 6 Stücke schneiden und mit der Leber zufügen. Mit Salz und Pfeffer abschmecken und weitere 10 Minuten garen.

Den Speck in Streifen schneiden, in kaltem Wasser aufsetzen, zum Kochen bringen und 30 Sekunden blanchieren. Abtropfen lassen und in einer Pfanne ohne Zugabe von Fett unter Rühren 5 Minuten sautieren. Das Fleisch ausstechen, vom Knochen lösen und in grobe Streifen schneiden. Leber und Magen ebenfalls klein schneiden. Die Brühe durch ein Sieb in eine Schüssel abseihen und im eiskalten Wasserbad rasch herunterkühlen. Das Gemüse abtropfen lassen.

Den Ofen auf 200 °C vorheizen.

Das Gemüse und die *duxelles* in zwei Auflaufformen schichten. Das Fleisch und den Speck gleichmäßig darauf verteilen und mit etwas lauwarmer Brühe begießen.

Auf der bemehlten Arbeitsfläche den Blätterteig ausrollen und 2 Teigplatten ausschneiden, die etwas größer sind als die Formen. Aus den Teigresten einige dekorative Muster ausstechen. Die Teigplatten auf

die Auflaufformen legen und an den Rändern nach innen einschlagen. Mit den Teigresten dekorieren und mit dem verschlagenen Ei bestreichen. In der Mitte jeder Teigplatte ein kleines Loch ausschneiden, damit beim Backen der Dampf entweichen kann.

Das Gericht im Ofen 30 Minuten backen. Darauf achten, dass sich die Teigdeckel gleichmäßig goldgelb färben. Nötigenfalls die Formen im Ofen drehen oder umstellen.

Die verbliebene Brühe können Sie zum Kochen von Nudeln oder Reis verwenden oder auch mit einigen Fleischresten als Suppe servieren.

Duxelles (Champignon-Farce)

Die Schalotten schälen und fein hacken. Die Zitronen auspressen, etwas abgeriebene Schale zurückbehalten. Die Champignons putzen, in Streifen schneiden und in einer Schüssel mit dem Zitronensaft vermengen.

In einer Kasserolle die Butter aufschäumen lassen. Die Schalotten, Champignons samt Zitronensaft und die Zitronenschale darin anschwitzen; etwas salzen und pfeffern. Zum Kochen bringen und ohne Deckel 15 Minuten garen, bis sämtliche Flüssigkeit verkocht ist.

In einer kleinen Schüssel, mit Frischhaltefolie abgedeckt, hält sich die *duxelles* im Kühlschrank gut 2 Tage.

FÜR 6 PERSONEN

Vorbereitung: 5 Minuten
Garzeit: 15 Minuten

150 g Schalotten
4 unbehandelte Zitronen
1 kg Zucht- oder Wiesenchampignons
150 g Butter
Salz und Pfeffer aus der Mühle

Charlou Reynal, gefeierter Koch, der viele Jahre in seinem Restaurant de la Rue de Paris in Brive-la-Gaillarde wirkte, nutzt die Gelegenheit einer Jagd im Haute Corrèze, einer von Granit, Wasserläufen und Wäldern geprägten Landschaft, um die besten Pilze der Welt zu sammeln.

Pute mit Chipolata-Fenchel-Füllung und Maronen

Vorbereitung: 1 Stunde
(davon 30 Minuten am
Vortag)
Ruhezeit: 12 Stunden
Garzeit: 2 Stunden und
30 Minuten

1 küchenfertige Pute von
etwa 4 kg
250 g Butter, zerlassen
800 g Maronen, geschält

Für die Füllung:
2 Schalotten
200 g Gemüsefenchel,
geputzt
200 g Geflügellebern,
darunter die Putenleber
25 g Butter
10 cl Whisky
200 g Chipolata-Würste
(oder eine andere Grill-
wurst aus rohem Brät)
100 g eingelegte Trüffeln,
mit ihrem Saft
Salz und Pfeffer aus der
Mühle

Für die Gemüsebrühe:
2 große Schnitze Knollen-
sellerie
1 Zwiebel, gespickt mit
2 Nelken
1 Möhre
2 Knoblauchzehen
1 Bouquet garni
Einige Petersilienstängel
Salz und Pfeffer aus der
Mühle

Am Vortag die Füllung zubereiten: Die Schalotten schälen und fein würfeln. Den Fenchel und die Lebern ebenfalls in feine Würfel schneiden. In einer Pfanne die Butter erhitzen, die Schalotten unter Rühren darin anschwitzen. Fenchel und Lebern zugeben, mit dem Whisky ablöschen und flambieren. Weiterrühren, bis die Flammen erloschen sind. Die Würste längs aufschneiden und das Brät herauslösen. In einer Schüssel mit den fein gehackten Trüffeln, ihrem Saft und dem Pfanneninhalt vermengen. Mit Salz und Pfeffer abschmecken. Die Pute mit der Farce füllen und die Bauchhöhle mit Küchengarn zunähen. Den gefüllten Vogel über Nacht im Kühlschrank ruhen lassen.

Am Folgetag die Pute 2 Stunden vor der Zubereitung aus dem Kühlschrank nehmen und mit Salz und Pfeffer einreiben.

Für die Gemüsebrühe sämtliche Zutaten in einer etwa 8 Liter fassenden Kasserolle mit 3 Liter Wasser mindestens 30 Minuten kochen lassen. Die Pute mit dem Rücken nach unten einsetzen. Durch den aufsteigenden Dampf gart die Brust auch dann, wenn sie nicht ganz in der Brühe liegt, vorausgesetzt, der Topf ist fest mit einem Deckel verschlossen. Die Pute 1 Stunde in der Brühe garen.

Den Vogel aus der Brühe nehmen, von der Sie für die weitere Zubereitung im Ofen noch etwa 1 Liter benötigen.

Den Ofen auf 200 °C vorheizen.

Eine große, feuerfeste Form ausbuttern, die Pute einsetzen und 1 Stunde im Ofen braten, dabei immer wieder mit der Brühe und zerlassener Butter übergießen. Sie erhalten am Ende etwa ¾ Liter Sauce. Falls die Brustfilets zu schnell braun werden, mit Alufolie abdecken. Inzwischen die Maronen in so viel Brühe, dass sie gerade bedeckt sind, 20 Minuten sanft garen. Abschmecken.

Die Füllung aus der Bauchhöhle lösen und die Pute tranchieren: Die Brustfilets parallel zum Brustkorb in lange, dünne Streifen (französisch *aiguilettes*) schneiden. Die Keulen in Ober- und Unterschenkel trennen, das restliche Fleisch in Portionsstücken von der Karkasse lösen und alles Fleisch zusammen mit der Füllung und den Maronen in dem Gargefäß anrichten.

Straußensteaks auf Austernpilzen in Currysauce

Alexandre Dumas behauptete: „Das Fleisch des Straußes ist nicht besonders gut; es ist zäh und fade." Während der einjährigen Aufzucht in großen Farmen mit Grünfutterbewuchs entwickelt der Strauß ein äußerst schmackhaftes Fleisch. Anders als bei anderem Geflügel liefern die Keulen dieses Laufvogels mit etwa neunzig Prozent die größte Fleischausbeute, da die Brustfilets völlig fehlen. Straußenfleisch enthält weniger Fett und Cholesterin als alle anderen roten Fleischarten.

FÜR 6 PERSONEN

Vorbereitung: 10 Minuten
Garzeit: 18 Minuten

800 g Austernpilze
3 Schalotten
6 Straußensteaks von
je 200 g
Salz und Pfeffer aus der
Mühle
Olivenöl
200 ml trockener Weiß-
wein
1 ½ TL Currypulver
150 ml Crème fraîche

Die Austernpilze putzen; die harten Stielenden entfernen und die Pilze in dünne Streifen schneiden. Die Schalotten schälen und in feine Scheiben schneiden.

Die Steaks von beiden Seiten salzen und pfeffern und mit etwas Olivenöl bestreichen. Eine große Pfanne heiß werden lassen und die Steaks von beiden Seiten je 1 Minute scharf anbraten. Auf eine Servierplatte legen, mit Alufolie abdecken und beiseite stellen. In derselben Pfanne die Schalotten in 1 Esslöffel Olivenöl anschwitzen; die Austernpilze kurz mitschwitzen, mit dem Wein ablöschen und das Currypulver einrühren. Salzen und pfeffern. Die Pilze etwa 15 Minuten dünsten, bis die austretende Flüssigkeit fast völlig verkocht ist. Die Crème fraîche unterrühren und nochmals mit Salz und Pfeffer abschmecken.

Die Steaks auf die Austernpilze legen, die Pfanne mit einem Deckel schließen und die Steaks 2 Minuten erhitzen. Das Fleisch sollte innen noch einen blutigen Kern haben. Steaks und Pilze auf einer Platte anrichten und sofort servieren. Als Beilage passen Reis oder gekochte Weizenkörner.

Straußenfleisch eignet sich auch hervorragend als Carpaccio. Würzen Sie aber statt mit Knoblauch und Zitrone lieber mit Balsamico-Essig oder Sojasauce.

Gänseragout
mit Sauerkraut

Damals wie heute wird das Sauerkraut bei diesem Rezept zumeist separat zubereitet und das Geflügel erst nach dem Braten oder Grillen hinzugefügt. Auch zu Fasan und Ente ist Sauerkraut ein idealer Begleiter.

FÜR 8 BIS 10 PERSONEN

Vorbereitung: 35 Minuten am Vortag
Garzeit: 3 Stunden am Vortag plus 1 Stunde und 15 Minuten am selben Tag
Marinierzeit: 1 Nacht

1 Frühmastgans von 3 kg, küchenfertig, ohne Leber
1 Zwiebel
3 Knoblauchzehen
10 Wacholderbeeren
350 ml Weißwein
6 EL Gin
Salz und Pfeffer aus der Mühle
1,5 kg Sauerkraut, gegart
500 g Kochwurst
1,5 kg kleine, fest kochende Kartoffeln

Am Vortag die Gans in 12 Teile zerlegen. Das Fett ablösen und für einen anderen Verwendungszweck an einem kühlen Ort aufbewahren. Aus der Karkasse und dem Gänseklein ½ Liter kräftige Geflügelbrühe zubereiten (Seite 125). Die Brühe über Nacht in den Kühlschrank stellen. Das an der Oberfläche erstarrte Fett dient später zum Sautieren der Kartoffeln.

Die Zwiebel und die vom Keim befreiten Knoblauchzehen schälen und fein hacken; die Wacholderbeeren zerdrücken.

Das Gänsefleisch in einer Schüssel mit der Zwiebel, dem Knoblauch, dem Wein, Gin und den Wacholderbeeren gut vermengen. Mit Frischhaltefolie bedecken und über Nacht an einem kühlen Ort marinieren lassen.

Am nächsten Tag das Fleisch aus der Marinade nehmen; die Marinade mit sämtlichen Zutaten zurückbehalten. Das Fleisch salzen und pfeffern. Einen gusseisernen Schmortopf sehr heiß werden lassen. Das Fleisch nach und nach zuerst mit der Hautseite nach unten goldbraun anbraten (rechnen Sie dafür etwa 10 Minuten). Sobald es Farbe genommen hat, wieder herausnehmen und das Bratfett weggießen. Die Fleischstücke wieder einlegen, mit der Marinade ablöschen und 300 ml der entfetteten Brühe zugießen. Mit Salz und Pfeffer abschmecken. Den Topf verschließen und alles 45 Minuten leise köcheln lassen.

Das Sauerkraut und die Kochwurst zugeben und weitere 15 Minuten garen. Ist Ihnen das Ragout zu flüssig, den Deckel abnehmen und die überschüssige Flüssigkeit verkochen lassen.

Inzwischen die Kartoffeln in Salzwasser 10 Minuten kochen. Abgießen, schälen und in dem erkalteten Fett der Brühe oder dem beim Zerlegen der Gans zurückbehaltenen Fett goldbraun sautieren.

Das Gänseragout mit dem Sauerkraut im Topf servieren und die sautierten Kartoffeln dazu reichen.

Geflügelbrühe

ERGIBT 1 ½ LITER

Vorbereitung: 15 Minuten
Garzeit: mindestens
3 Stunden

1,5 kg Geflügelklein und
-karkassen
1 große Möhre
1 Stange Bleichsellerie
Das Grüne von 1 Lauch-
stange
1 Zwiebel
2 EL Traubenkernöl
1 Knoblauchknolle,
halbiert
1 Bouquet garni
5 Wacholderbeeren
1 kleine Dose Tomaten-
mark

Die Karkassen in Stücke hacken. Das gewaschene, ungeschälte
Gemüse grob zerkleinern.

In einem Topf mit schwerem Boden das Öl erhitzen und die Knochen
und das Geflügelklein 8 bis 10 Minuten anrösten. Mit einem Holzlöffel beständig den Bratensatz vom Topfboden losrühren.

Das Gemüse, den Knoblauch, das Bouquet garni, die Wacholderbeeren und das Tomatenmark kurz mitrösten (aufpassen, dass das
Tomatenmark nicht verbrennt!) und mit 2 ½ Liter kaltem Wasser auffüllen. Zum Kochen bringen, den Topf verschließen und die Brühe
mindestens 3 Stunden leise köcheln lassen. Zwischendurch immer
wieder den sich an der Oberfläche bildenden Schaum abschöpfen.
Je länger die Brühe kocht, desto aromatischer wird sie.

Die fertige Brühe durch ein feines Sieb passieren, den Siebinhalt gut
ausdrücken, damit kein Aroma verloren geht. Die Brühe im eiskalten
Wasserbad rasch herunterkühlen und, falls nicht sofort verwendet,
in Portionen zu ½ Liter einfrieren.

Gebratene Gans mit Apfel-Feigen-Zitrus-Füllung

Dieses Gericht muss sehr heiß serviert werden. Dazu passen Rotkohl, geschmorte Zwiebeln mit schwarzen Johannisbeeren oder jede andere säuerliche Gemüsebeilage.

FÜR 10 PERSONEN

Vorbereitung: 1 Stunde und 20 Minuten plus 10 Minuten am Vortag
Garzeit: 2 ½ Stunden

1 ausgenommene Gans von 3,5 kg
½ Knoblauchzehe
Grobes Salz
Pfeffer aus der Mühle
1 Zweig Thymian

Für die Füllung:
200 g getrocknete Feigen
2 EL Enzian- oder Feigenschnaps
200 g Gänse- oder andere Geflügellebern
Schale von 2 unbehandelten Orangen und 1 Zitrone
1 Bund Petersilie
2 große Äpfel (Granny Smith)
150 g Weißbrot
Etwa 250 g Schalotten
1 EL Öl oder Gänsefett
1 Ei
Salz und Pfeffer aus der Mühle

Am Vortag die Feigen vierteln, in dem Schnaps einlegen und in einem verschlossenen Gefäß über Nacht marinieren lassen. Die Geflügellebern kalt stellen.

Die Gans zunächst mit der halben Knoblauchzehe, dann mit 1 Esslöffel grobem Salz, Pfeffer und dem abgezupften Thymian einreiben. Den Vogel in Alufolie einwickeln und über Nacht kalt stellen.

Am nächsten Tag die Füllung zubereiten: Die Schale der Zitrusfrüchte 30 Sekunden in kochendem Wasser blanchieren; abtropfen lassen. Die Petersilie abzupfen. Die Äpfel schälen, entkernen und in Würfel schneiden. Das Brot in kleine Stücke schneiden. Die geschälten und gehackten Schalotten 5 Minuten in dem Öl oder Gänsefett anschwitzen. Die Lebern zugeben und unter Rühren 1 Minute nur anziehen lassen.

Die eingelegten Feigen mit dem Schnaps und dem Brot im Mixer zerkleinern. Die Schalotten, Lebern, blanchierten Zesten, das Ei und die Petersilie zugeben und alles zu einer groben Farce verarbeiten.

Mit Salz und Pfeffer abschmecken und die gewürfelten Äpfel gleichmäßig unterheben.

Die Gans mit der Farce füllen, die Bauchhöhle mit Küchengarn zunähen. Den Vogel in eine ausreichend große Bratenpfanne oder in die Abtropfpfanne des Ofens setzen, bei 200 °C in den vorgeheizten Ofen schieben und 2 Stunden und 15 Minuten braten. Alle 15 Minuten mit dem austretenden Bratenfett übergießen.

30 Minuten vor Ende der Garzeit den überschüssigen Bratensaft abschöpfen und in eine kleine Kasserolle füllen, damit sich das Fett oben absetzen kann.

Die fertige Gans noch etwa 15 Minuten im ausgeschalteten Ofen ruhen lassen. Die Füllung aus der Bauchhöhle lösen und während des Zerlegens der Gans warm stellen.

Die Gans tranchieren, mit der Füllung auf einer großen Platte anrichten und nochmals im Ofen warm stellen.

Das Fett vom Bratensaft abschöpfen, die Sauce kurz erhitzen und in einer Sauciere zusammen mit der Gans servieren.

Geschmorte Zwiebeln mit schwarzen Johannisbeeren

Die Zwiebeln schälen und in dünne Streifen schneiden. In einem Schmortopf das Öl erhitzen und die Zwiebeln darin bei milder Hitze etwa 30 Minuten sanft schmoren, ohne Farbe nehmen zu lassen. Etwas Wasser unterrühren. Falls die Flüssigkeit zu schnell verkocht, den Topf mit einem Deckel verschließen.

Sobald die Zwiebeln geschmolzen sind, den Essig zugießen und 1 Minute unter Rühren weitergaren. Den Topf von der Kochstelle nehmen, den Cassis sowie die Johannisbeeren einrühren und mit Salz und Pfeffer abschmecken.

In einem fest verschlossenen Gefäß halten sich die Zwiebeln im Kühlschrank 3 bis 4 Tage.

FÜR 10 PERSONEN

Vorbereitung: 10 Minuten
Garzeit: 30 Minuten

800 g rosa Zwiebeln
½ l Traubenkernöl
3 EL Weinessig
4 EL Crème de Cassis
50 g schwarze oder rote Johannisbeeren
1 gehäufter TL Salz
Pfeffer aus der Mühle

127

Gratin von Perlhuhnbrust, Auberginen und saurer Sahne

Für dieses Gericht haben Sie die Wahl zwischen dem Brustfleisch eines Masthuhns, eines Perlhuhns, einer Pute oder eines Fasans. Perlhuhn müssen Sie zumeist vorbestellen. Das Backen in Sahne bringt das Aroma des zarten Brustfleisches hervorragend zur Geltung und nimmt den Auberginen ihre Bitterkeit.

FÜR 6 PERSONEN

Vorbereitung: 20 Minuten
Garzeit: 45 Minuten

½ Knoblauchzehe
20 g Butter
800 g Perlhuhnbrust
2 TL Salz
Pfeffer aus der Mühle
1 Zweig frischer Thymian
½ Zweig frischer Rosmarin
1 frisches Lorbeerblatt
3 Auberginen (700 g)
300 ml saure Sahne, glatt gerührt
Einige Zweige Kerbel oder glatte Petersilie als Garnitur

Eine Auflaufform mit der halben Knoblauchzehe ausreiben; den Knoblauch durchpressen oder sehr fein hacken. Den Boden und die Wände der Form großzügig mit der Butter einstreichen. Den Knoblauch in der Form verteilen.

Die Perlhuhnbrust in lange, dünne Scheiben schneiden. Salzen und pfeffern.

Den gezupften Thymian, die Rosmarinnadeln und das Lorbeerblatt ohne die harte Mittelrippe getrennt voneinander so fein wie möglich hacken. Die Auberginen mit der Schale in dünne Scheiben schneiden. Den Ofen auf 200 °C vorheizen.

Eine Schicht Auberginenscheiben möglichst dicht aneinander in die vorbereitete Form einlegen. Mit dem Thymian bestreuen und mit einem Drittel der Perlhuhnbrustscheiben belegen. 2 Esslöffel saure Sahne darauf verteilen und mit Salz und Pfeffer würzen. Eine weitere Lage Auberginen einschichten, diesmal mit Rosmarin bestreuen und mit einem weiteren Drittel der Brustscheiben belegen. 2 Esslöffel saure Sahne darauf verstreichen; salzen und pfeffern. Bei der dritten Schicht auf die gleiche Weise verfahren. Diesmal die Auberginen mit dem Lorbeer würzen. Mit einer Schicht Auberginen abschließen. Nochmals salzen, pfeffern und die restliche saure Sahne darauf verstreichen.

Die Form sorgfältig mit Alufolie bedecken und den Auflauf im Ofen 45 Minuten backen. Sie können das Gratin bis zum Servieren im ausgeschalteten Ofen warm halten. Vor dem Servieren mit Kerbel oder Petersilie garnieren.

Dieses genauso einfache wie leckere Gericht lässt sich problemlos einige Stunden im Voraus vorbereiten und bis zum Backen kalt stellen.

Gefülltes Perlhuhn
mit Trauben und Schalotten

Das Fleisch des Perlhuhns ist etwas fester als das einer Poularde, eine reichhaltige Füllung bekommt ihm daher sehr gut. Sie können für diese Zubereitung auch zwei Fasanenhennen nehmen. Die Garzeit verkürzt sich dann um eine Viertelstunde.

FÜR 6 PERSONEN

Vorbereitung: 1 Stunde
Marinierzeit: 2 Stunden
Garzeit: 1 Stunde und
10 Minuten

1 großes Perlhuhn von
1,8 kg, küchenfertig, mit
der Leber
300 g weiße Weintrauben
(Chasselas oder eine an-
dere dünnhäutige Sorte)
15 cl Cognac oder Pineau
des Charentes
200 g Entenleberpastete,
mit ihrer Fettschicht
10 große rote Schalotten
(450 g) oder 6 rote
Zwiebeln
100 g gekochter Reis
Salz und Pfeffer aus der
Mühle
200 ml Crème fraîche

Die Trauben entkernen und in einem fest verschlossenen Gefäß in dem Cognac oder dem Pineau des Charentes 2 Stunden durchziehen lassen. Die Fettschicht von der Entenleberpastete abschaben und beiseite stellen.

½ Schalotte (oder ¼ Zwiebel) schälen und fein hacken. Mit dem Reis, der Entenleberpastete und der geputzten Leber zerdrücken. Salzen, pfeffern, ⅓ der marinierten, abgetropften Trauben untermengen.

Den Ofen auf 175 °C vorheizen. Den Boden eines Schmortopfes mit etwas Entenfett einstreichen.

Das Perlhuhn mit der vorbereiteten Farce füllen. Die Bauchhöhle mit Küchengarn zunähen. Den Vogel großzügig salzen und pfeffern und mit dem restlichen Entenfett bestreichen.

Den Schmortopf heiß werden lassen und das Perlhuhn von allen Seiten 5 Minuten Farbe nehmen lassen. Auf den Rücken legen und die je nach Größe ganzen oder halbierten Schalotten oder die geviertelten Zwiebeln zugeben und 5 Minuten mit anrösten. Die restlichen Trauben hinzufügen und mit der Hälfte des Cognacs oder Pineaus ablö-schen. Das Perlhuhn mit Pergamentpapier abdecken und im Ofen 45 Minuten garen. Dabei beständig den Bräunungsgrad kontrollieren. Das fertige Huhn auf eine Platte setzen und warm stellen.

Die Trauben und Schalotten aus dem Topf nehmen; das überschüssi-ge Fett abgießen und für einen späteren Verwendungszweck aufbe-wahren. Den Bratensatz bei großer Hitze mit dem restlichen Alkohol ablöschen und flambieren. Die Trauben und Schalotten wieder zuge-ben und bei milder Hitze weitere 5 Minuten garen. Die Crème fraîche unterrühren und nochmals kurz aufkochen.

Das Perlhuhn zerlegen und zusammen mit der Füllung anrichten.

Mit den Trauben und einigen Schalotten garnieren und servieren. Die Sauce mit den restlichen Schalotten separat dazu reichen.

Perlhuhnragout
mit Champignons

Dieses im Französischen salmis *genannte Schmorgericht wurde früher mit einer angerösteten Gemüsemischung und einer Mehlschwitze zubereitet. Das Geflügel wurde gebraten und anschließend tranchiert. Die gehackte Leber rührte man unter die Sauce, die schließlich durch ein Spitzsieb passiert wurde.*

FÜR 8 PERSONEN

Vorbereitung: ½ Stunde
Garzeit: 1 Stunde und
10 Minuten

2 Perlhühner von je
1,4 kg, küchenfertig, mit
den Mägen und Lebern
Salz und Pfeffer aus der
Mühle
300 g Champignons
Traubenkernöl
20 g Butter
100 g geräucherter Speck
4 EL Armagnac
1 Möhre
1 Zwiebel
½ Knoblauchzehe
1 Prise Selleriesamen
1 TL Thymian
¼ l roter Bordeaux

Die Perlhühner zerlegen: Die Keulen abtrennen, die Brustfilets mit den Flügeln auslösen und alle Teile großzügig salzen und pfeffern. Die Karkassen mit einer Geflügelschere grob zerkleinern und mit den Lebern beiseite legen. Die Champignons putzen; die Köpfe von den Stielen trennen.

In einem gusseisernen Schmortopf 2 Esslöffel Öl erhitzen und das Fleisch portionsweise je etwa 3 bis 4 Minuten anbraten. Beiseite stellen. Das Bratenfett weggießen und durch die Butter ersetzen. Die Geflügelknochen, den gewürfelten Speck und die Mägen 8 Minuten darin anrösten. Mit dem Armagnac ablöschen und den am Topfboden haftenden Bratensatz mit einem Holzspatel losrühren. Die geschälte und fein gehackte Möhre, Zwiebel und den durchgepressten Knoblauch sowie die gehackten Champignonstiele, Selleriesamen und den Thymian zugeben. Mit dem Wein und 200 ml Wasser auffüllen und die Flüssigkeit in etwa 30 Minuten um ein Viertel einkochen lassen. Die Knochen herausnehmen und das zerteilte Perlhuhn einlegen (die Keulen zuunterst). Den Topf verschließen und das Fleisch 30 Minuten schmoren lassen. Mit Salz und Pfeffer abschmecken. Ist das Ragout zu flüssig, den Deckel 10 Minuten vor Ende der Garzeit abnehmen und die Flüssigkeit etwas einkochen lassen. Dabei gelegentlich umrühren, damit nichts ansetzt. Kurz vor der Fertigstellung die Lebern und die in Scheiben geschnittenen Champignonköpfe zufügen.
Die Lebern sollten am Ende innen noch rosa sein.
Das Fleisch mit dem Gemüse und den Champignons auf einer Platte anrichten.

Als Beilage eignen sich frische Nudeln oder Pellkartoffeln, die besonders gut die Sauce aufnehmen (es sei denn, Sie stippen sie lieber mit einem kräftigen Landbrot auf). Auch ein Quittenpüree, das dem Gericht eine säuerliche Note verleiht, ist eine schmackhafte Ergänzung.

Quittenpüree

FÜR 8 PERSONEN

Vorbereitung: 20 Minuten
Garzeit: 30 Minuten

2 kg Quitten
4 EL Weinessig
25 g Zucker
25 g Butter
1 TL Salz
Pfeffer aus der Mühle

Die Quitten waschen, Blüten und Stielansätze entfernen. Die unge-schälten Früchte achteln. Die Kerngehäuse und Faserteile heraus-schneiden und für ein Gelee aufbewahren.

Die Früchte in einer Kasserolle gerade eben mit Wasser bedecken.
Den Essig und den Zucker zugeben und zugedeckt 30 Minuten ko-chen lassen. Die Quitten sind gar, wenn sie sich mühelos mit einer Messerspitze einstechen lassen. Die Früchte abtropfen lassen, den Saft für ein Gelee zurückbehalten.

Die Quitten durch ein Passiergerät streichen, die Butter sorgfältig einarbeiten und kräftig mit Salz und Pfeffer abschmecken.

Das Quittenpüree sehr heiß als Beilage zu Geflügel- oder Wild-gerichten servieren.

Es hält sich im Kühlschrank bis zu 3 Tage und lässt sich auch ganz problemlos einfrieren.

Kapaun mit Curryfarce und Safranreis

Dem Kapaun bekommt sanfteres und längeres Garen bei niedriger Temperatur besser; große Hitze verkürzt zwar die Wartezeit, kann jedoch das Brustfleisch austrocknen.

FÜR 10 PERSONEN

Vorbereitung: 30 Minuten plus 1 Stunde am Vortag
Ruhezeit: 24 Stunden
Garzeit: 2 ½ Stunden
Einweichzeit: 1 Stunde

1 Kapaun von 3 kg
Salz und Pfeffer aus der Mühle
100 g weiche Butter
5 EL flüssiger Honig
2 EL Saké- oder Weißweinessig
3 EL Sesamsamen

Für die Farce:
20 g getrocknete Shiitake-Pilze
1 große Möhre
30 g frischer Ingwer
½ Zwiebel
50 g Rundkornreis
½ TL Currypulver
20 g Butter
1 Bund glatte Petersilie
1 säuerlicher Apfel
50 g Rosinen
20 g ungeschälte Mandeln, gehackt
Salz und Pfeffer aus der Mühle

Für die Beilage:
500 g Langkornreis
1 große Prise Safran, Salz
150 g Ananasscheiben
1 Banane

Am Vortag die Farce zubereiten: Die Pilze waschen und 1 Stunde in lauwarmem Wasser einweichen. Die Möhre und den Ingwer schälen und würfeln, die Zwiebel schälen und in Streifen schneiden.

Den Reis waschen und in einer kleinen Kasserolle mit kaltem Wasser bedecken. Das Currypulver einrühren, zum Kochen bringen und 10 Minuten köcheln lassen. Zugedeckt beiseite stellen.

Die Butter in einer Pfanne zerlassen. Die Möhre, die Zwiebel und den Ingwer darin bei mäßiger Hitze unter Rühren 10 Minuten anschwitzen. Nach der Hälfte der Zeit die Pfanne mit einem Deckel verschließen.

Die Petersilie hacken, die Hälfte des Apfels in kleine Würfel schneiden (die andere Hälfte für die Zubereitung der Beilage beiseite legen). Die abgetropften Pilze fein würfeln. Sämtliche Zutaten mit den Rosinen und Mandeln vermischen, salzen und pfeffern. Den Kapaun mit der Farce füllen. Die Bauchöffnung mit Küchengarn zunähen und den Vogel abgedeckt über Nacht kalt stellen. Reste der Farce können Sie kurz vor dem Servieren unter den Safranreis mischen.

Am Folgetag den Kapaun 2 Stunden vor der Zubereitung aus dem Kühlschrank nehmen. Salzen, pfeffern und mit der Butter einstreichen. Eine große Bratenpfanne ausbuttern, den Kapaun mit dem Rücken nach unten einsetzen und 200 ml Wasser angießen. Bei 200 °C in den nicht vorgeheizten Ofen schieben und etwa 1 ½ Stunden braten. Dabei häufig mit der sich in der Pfanne sammelnden Butter übergießen. 1 weitere Stunde braten und nun regelmäßig mit der vorbereiteten Mischung aus Honig, Essig, Sesam, Butter, Salz und Pfeffer übergießen. Die Brust des Kapauns mit Pergamentpapier abdecken und darauf achten, dass die Sesamsamen nicht verbrennen.

Beilage: Den Reis mit dem Safran 20 Minuten in Salzwasser kochen. Die Ananas und die verbliebene Apfelhälfte in Würfel, die Banane in Scheiben schneiden, unter den Safranreis mischen. Den Kapaun tranchieren und anrichten. Den Bratensaft in einer Sauciere servieren.

Gefülltes Jungmasthuhn
mit Trüffeln und Tagliatelle

Boudin blanc *ist eine französische Frischwurst aus hellem Fleisch. Sie kann durch das Brät heller Bratwürste ersetzt werden.*

FÜR 6 PERSONEN

Vorbereitung: 40 Minuten
Garzeit: etwa 1 Stunde
und 20 Minuten

1 Jungmasthuhn von
1,6 kg, mit den Innereien
100 g Butter
100 g frische oder einge-
legte Trüffeln
2 Schalotten
2 *boudins blancs* (ersatzweise eine andere Frisch-
wurst)
50 g roher Schinken
1 Ei
50 g Foie gras
Salz und Pfeffer aus der
Mühle
300 ml Crème fraîche
300 g frische Tagliatelle
Einige Blätter Basilikum

Das Huhn und die Butter 2 Stunden vor der Zubereitung aus dem Kühlschrank nehmen. Die Trüffeln in feine Streifen schneiden; frische Trüffeln zuvor gründlich abbürsten.

Die Schalotten schälen und in Streifen schneiden. In einer Pfanne 20 g Butter zerlassen und die Schalotten 2 Minuten darin anschwitzen. Das Geflügelklein zugeben und unter Rühren bei großer Hitze 1 Minute mitschwitzen.

Die Haut der Würste abziehen und das Brät im Mixer grob zerkleinern. Die Innereien, den Schinken und die Schalotten zugeben und alles zu einer groben Farce verarbeiten. Die Farce in einer Schüssel mit der Hälfte der Trüffeln und dem Ei vermengen. Die Foie gras fein würfeln und untermischen. Mit Salz und Pfeffer abschmecken.

Das Huhn salzen und pfeffern. Mit der vorbereiteten Farce füllen und die Bauchöffnung mit Küchengarn zunähen. Den Vogel mit der weichen Butter bestreichen.

Eine Bratenpfanne mit einigen Esslöffeln Wasser befeuchten und das Huhn einsetzen. Bei 200 °C in den nicht vorgeheizten Ofen schieben und 1 Stunde braten. Dabei den Vogel regelmäßig mit der zerlaufenen Butter und dem Bratensaft überziehen. Die Temperatur auf 180 °C herunterstellen und weitere 20 Minuten garen.

In einer kleinen Kasserolle 200 ml der Crème fraîche mit den restlichen Trüffeln etwa 5 Minuten köcheln lassen. Etwas salzen, pfeffern und zugedeckt beiseite stellen.

Das fertige Huhn in Alufolie wickeln. Die Crème-fraîche-Trüffel-Mischung in die Bratenpfanne gießen und mit einem Holzspatel den Bodensatz losrühren.

Das Huhn tranchieren. Das Fleisch auf der Sauce neben der herausgelösten Farce anrichten und servieren. Die 5 Minuten in Salzwasser gekochten Tagliatelle mit der restlichen Crème fraîche vermischen, mit dem Basilikum garnieren und dazu reichen.

Potaufeu von der Poularde auf chinesische Art

Bei diesem köstlichen Eintopf habe ich mich von den Märkten Hanois und Bangkoks inspirieren lassen. Sie können die in Asien vielfach verwendete knollige Wurzel des Zitronengrases durch die bei uns bekannteren Halme dieses Krauts ersetzen.

FÜR 8 BIS 9 PERSONEN

Vorbereitung: 45 Minuten
Garzeit: 1 ½ Stunden

4 Möhren
2 Stangen Lauch
4 weiße Rüben
500 g Knollensellerie
2 l Geflügelbrühe
(Seite 125)
1 Zwiebel, gespickt mit
2 Nelken
1 Limette
2 Lorbeerblätter
1 Zweig Zitronenthymian
2 Zitronengrasknollen
(ersatzweise frisches
Zitronengras)
1 Stück frischer Ingwer
1 kleine Pfefferschote
1 große Poularde von
2,2 kg
Grobes Salz
Pfeffer aus der Mühle

Für die Vinaigrette:
9 EL Traubenkernöl
3 EL Balsamico-Essig
1 TL Salz
1 Prise gemahlener
Pfeffer
2 EL Schnittlauch
1 EL Sojasauce
1 Streifen frischer oder in
Essig eingelegter Ingwer

Alles Gemüse putzen; die Möhren und den Lauch in Scheiben, die Rüben und den Sellerie in Würfel schneiden. Den Sellerie beiseite legen.

In einem 10-Liter-Topf die Brühe mit dem Gemüse (außer dem Sellerie), der Zwiebel, der halbierten Limette und den Gewürzen und Kräutern zum Kochen bringen und 20 Minuten köcheln lassen. Eventuell etwas salzen: Denken Sie daran, dass die Brühe bereits Salz enthält und durch das Einkochen noch konzentrierter wird. Die Poularde mit dem Rücken nach unten einlegen. Falls die Brust nicht vollständig in die Brühe eingetaucht ist, den Topf mit einem Deckel fest verschließen. Das zarte Brustfleisch gart durch den aufsteigenden Dampf. Die Poularde bei geringer Hitze etwa 1 ¼ Stunden köcheln lassen. 10 Minuten vor Ende der Garzeit die Selleriewürfel zugeben. Abschmecken.

Die Poularde aus der Brühe nehmen, das Gemüse zurückbehalten, den Ingwer, das Zitronengras, die Pfefferschote, Zwiebel, Limette, den Thymian und Lorbeer wegwerfen. Die Brühe bei großer Hitze weiter einkochen lassen. Währenddessen die Poularde tranchieren und das Fleisch in dünne Scheiben schneiden.

Für die Vinaigrette sämtliche Zutaten verrühren. Die tranchierte Poularde mit dem Gemüse auf einer Platte anrichten und servieren. Die Vinaigrette getrennt dazu reichen. Die heiße Brühe in chinesische Suppenschalen füllen und ebenfalls servieren.

Sie können die Brühe einige Minuten vor dem Servieren mit Sojasprossen, chinesischen Pilzen oder Fadennudeln anreichern und auf einem Rechaud in der Mitte des Tisches platzieren.

Hühner-Sauté nach Jägerart

In eine Jägersauce gehören Pilze, Schalotten und Weißwein. Man kann zusätzlich Tomaten oder Estragon zugeben. Serviert wird sie auch zu Omelett und zu dunklem Fleisch.

FÜR 6 PERSONEN

Vorbereitung: 15 Minuten
Garzeit: 40 Minuten

1 Masthuhn von 1,8 kg,
mit Magen
Salz und Pfeffer aus der
Mühle
6 Schalotten
3 Möhren
5 Knoblauchzehen
1 Bund Petersilie
2 EL Traubenkernöl
20 g Butter
½ l trockener Weißwein
1 Bouquet garni
½ l Geflügelbrühe
(Seite 125)
250 g Champignons
Saft von ½ Zitrone

Das Huhn in 8 Teile zerlegen, das Brustfleisch mit dem Knochen aus-lösen. Dazu die Filets links und rechts vom Brustbein mit einem Mes-ser etwas ablösen und mit einer Geflügelschere den Brustkorb längs durchschneiden. Das Fleisch salzen und pfeffern. Die Schalotten, Möhren und den Knoblauch schälen und in feine Scheiben schnei-den. Die Petersilie abzupfen, die Stängel zurückbehalten.

In einem gusseisernen Schmortopf das Öl und die Butter erhitzen und die Geflügelstücke von allen Seiten 5 Minuten Farbe nehmen lassen. Das Fleisch herausnehmen und in demselben Fett die Scha-lotten anschwitzen. Mit dem Wein ablöschen und 5 Minuten ein-kochen lassen. Die Geflügelstücke mit dem Magen wieder einlegen; den Knoblauch, die Möhren, die Petersilienstängel und das Bouquet garni zugeben und mit der Brühe auffüllen. 30 Minuten köcheln lassen.

Die Champignons putzen, mit dem Zitronensaft beträufeln und 5 Mi-nuten mitgaren. Den Topf von der Kochstelle nehmen, das Bouquet garni und die Petersilienstängel entfernen. Die gehackte Petersilie einstreuen.

Das Huhn im Topf oder auf einer vorgewärmten Platte servieren. Als Beilage passen je nach Saison Blattspinat oder in Butter und Knob-lauch sautierte Steinpilze.

Noch mehr Pfiff verleiht dem Huhn das folgende Rezept.

Pilzmousse mit Paprika

6 Soufflèförmchen großzügig ausbuttern.

Samen und Scheidewände der Paprikaschoten entfernen, das Frucht-fleisch in feine Streifen schneiden und die Förmchen damit aus-kleiden.

FÜR 6 PERSONEN

Vorbereitung: 15 Minuten
Garzeit: 20 Minuten

Butter
2 kleine rote oder gelbe
Paprikaschoten
200 g Waldpilze (Cham-
pignons, Ritterlinge,
Pfifferlinge)
Salz und Pfeffer aus der
Mühle
3 EL Crème fraîche
3 Eier
1 EL Olivenöl

Den Ofen auf 200 °C vorheizen und in einem hochwandigen Gefäß ein Wasserbad vorbereiten.

Die Pilze putzen und im Mixer grob zerkleinern. 1 Teelöffel Salz, 8 Umdrehungen aus der Pfeffermühle, die Crème fraîche, die Eier und das Olivenöl zufügen und alles im Mixer pürieren. Sie können auch etwas fein gewürfelte Paprikaschote untermengen, wenn ein paar Streifen übrig geblieben sind. Die Masse in die vorbereiteten Förmchen verteilen und im Wasserbad im Ofen 20 Minuten garen. Die Mousse sollte etwas aufgegangen und schön luftig sein.

Die Pilzmousse lässt sich wunderbar am Morgen vorbereiten und erst kurz vor dem Servieren fertig stellen. Sie ist ein vorzüglicher Begleiter zu im Ofen gegartem Geflügel oder Kaninchen.

Die Natur hat alles bestens eingerich-
tet. Im Herbst, pünktlich zur Jagdsaison, erfreuen sich der Jäger und
die Wildküche der denkbar besten
Gefährten: herrlich aromatische Waldpilze, unter denen der Steinpilz un-
angefochtener König ist.

Haarwild

Beim Haarwild gelten die gleichen Regeln wie beim Federwild: Wurde das Wildkaninchen oder der Hase während der Jagd erlegt, ist darauf zu achten, dass kein Körperteil gequetscht oder verschmutzt ist. Gegebenenfalls muss das Tier unverzüglich abgebalgt und ausgenommen oder wie Großwild einem fachkundigen Wildhändler überlassen werden.

Wildkaninchen und Hase

Obwohl das Wildkaninchen nicht mit dem Feldhasen verwandt ist, gehört es zur Familie der Hasenartigen. Es beginnt zunehmend wieder Felder und Böschungen zu bevölkern und ist durch Impfmaßnahmen auch resistenter gegen die Myxomatose (Kaninchenseuche) geworden. Das Wildkaninchen wiegt nur etwa halb so viel wie das Hauskaninchen, sein Fleisch ist aber von sehr viel intensiverem und feinerem Geschmack. Nach vier Monaten ausgewachsen, bringt das junge Tier bis zu 1,2 Kilogramm auf die Waage. Abgebalgt, ausgeweidet und zerwirkt bleibt eine Fleischausbeute von rund 800 Gramm, Leber und Nieren inklusive. Beim Zerlegen sollte man das Brechen der Knochen vermeiden, da die Splitter nicht ganz ungefährlich sind.

Der Feldhase ist ein flotter Flitzer und braucht daher ein weitläufiges Gelände. Die Auswüchse der modernen Zivilisation ziehen die Bestände allerdings immer mehr in Mitleidenschaft: der exzessive Straßenbau, die Zerstückelung der Lebensräume, der übermäßige Einsatz von Pestiziden ...

Die Feldjagd, beispielsweise auf Hase und Kaninchen, erinnert an die groß angelegten Treibjagden, wie sie häufig an Wochenenden praktiziert werden. Auch Wildschweine werden auf diese Weise bejagt – mit einem scharfsinnigen Hetzhund, der ein untrügliches Gespür für das Verhalten des Wildes mitbringt.

Der Hirsch ist der stattlichste und edelste Bewohner der europäischen Wälder. Seit Jahrhunderten ist er Gegenstand zahlloser Mythen und Legenden. Zweifellos ist das der Grund, warum ihm der Oberjäger am Ende der erfolgreichen Verfolgung mit einem gezielten Stich den Gnadenstoß gab.

Der Hase ist berühmt für seine Schläue und seine Listen, die er anwendet, um dem wachsamen Jäger zu entkommen. Ausgenommen wiegt er etwa 4 Kilogramm. Etwas kleiner ist der in den kalten Monaten weiße Schneehase.

Zwischen Hase und Häsin besteht kein großer Unterschied. Junge Tiere bis zu 2,5 Kilogramm sind beim Einkauf vorzuziehen, sie werden in der Regel im Ganzen gebraten. Größere und ältere Tiere sind eher für Schmorgerichte und Terrinen geeignet. Der erlegte Hase kann noch am selben Tag zubereitet werden. Man kann ihn aber auch bis zu 4 oder 5 Tage an einem kühlen Ort abhängen lassen. Beim Ausweiden sollte man darauf achten, dass die Gallenblase unverletzt bleibt. Leber, Herz und Lunge werden für Farcen verwendet. Zur Aufbewahrung legt man sie in das mit Essig vermischte Blut. Zerlegt wird der Hase genauso wie ein Wildkaninchen.

Rehwild, Hirsch und Hirschkuh

Das Rehwild ist der kleinste Vertreter der in Europa vorkommenden Hirschartigen. Von Februar bis nach der Brunft im Juli/August leben die Tiere meist isoliert. Erst im Herbst sieht man sie in Rudeln zu 15 bis 20 Tieren. Dank seiner Anpassungsfähigkeit hat das Rehwild seinen Lebensraum auch auf die großen Getreideanbaugebiete ausgedehnt. Rehwild wiegt zwischen 15 und 30 Kilogramm. Rehbock und Ricke sind etwa gleich groß. Obwohl in der Wildküche sehr beliebt, ist die Entwicklung der Bestände viel versprechend. Das delikate Wildbret

des ausgewachsenen Jungtiers wird in der Regel nicht gebeizt und lässt sich ähnlich wie Lamm zubereiten. Den feinsten Braten liefert der Rücken, der mit etwa 1,5 Kilogramm Fleischanteil bis zu sechs Esser satt macht. Auch der ausgelöste und zu Nüsschen von je 120 Gramm geschnittene Rücken ist eine Delikatesse. Die Keulen wiegen je etwa 2,5 Kilogramm.

Hirsch und Hirschkuh liefern äußerst schmackhaftes Wildbret, das besonders

für Schmorgerichte geeignet ist und häufig gebeizt und anschließend mit der Marinade gegart wird. Hirsche werden je nach Art und Lebensraum bis zu 230 Kilogramm schwer, während die Hirschkuh selten 100 Kilogramm überschreitet. Im Handel wird kaum zwischen dem männlichen und weiblichen Tier unterschieden. Das Wildbret von jungen Tieren ist in jedem Fall zarter und saftiger.

Dieses Foto eines 80 Kilogramm schweren Wildschweins erinnert mich an einen Nachmittag im Januar in der Sologne: Der ganze Jagdtrupp döste nach einem guten Mittagessen in der Sonne, als plötzlich in nicht einmal zwanzig Metern Entfernung dieser „Schwarzkittel" vorbeirannte.

Wildschwein

Beliebt sind in der Wildküche vor allem Frischlinge und Überläufer (einjährige Stücke), die bis zu 80 beziehungsweise 100 Kilogramm wiegen können. Kleinere Jungtiere sind besonders zum Grillen und Braten geeignet. Ausgewachsene Schwergewichte eignen sich eher zum Schmoren. Wildschweine sind Allesfresser. Die geschlechtsreifen Tiere entwickeln in der Rauschzeit einen penetranten Geruch. In der Küche hat das Wildbret älterer Tiere während der Paarungszeit daher nichts zu suchen.

Frikassee von Wildkaninchen mit zweierlei Saucen

Beim Zerwirken eines Wild- oder Hauskaninchens sollte man darauf achten, dass die Knochen nicht splittern. Verwenden Sie am besten ein spitzes Ausbeinmesser und zerteilen Sie das Tier an seinen Gelenken.

FÜR 6 PERSONEN

Vorbereitung: 30 Minuten
Marinierzeit: mindestens 6 Stunden
Garzeit: 30 Minuten

2 junge Wildkaninchen (insgesamt 1,8 kg), ausgenommen, mit Lebern und Nieren
1 große weiße Zwiebel oder
2 Schalotten, geschält
100 ml Olivenöl
1 EL Kräuter der Provence, zerrieben
2 Lorbeerblätter
200 ml trockener Weißwein (vorzugsweise Riesling)
3 Tomaten
Salz und Pfeffer aus der Mühle

Für die 2 Saucen:
150 ml trockener Weißwein
5 TL Kalbsfondpaste
200 ml saure Sahne
1 EL Senf
Salz und Pfeffer aus der Mühle
1 EL Tomatenmark

Die Kaninchen in jeweils 6 Stücke zerteilen und in einer großen Schüssel mit der Zwiebel oder den Schalotten, dem Olivenöl, den Kräutern der Provence und den Lorbeerblättern vermengen. Zugedeckt bei Raumtemperatur mindestens 6 Stunden marinieren lassen. Inzwischen den Dinkel für die Beilage einweichen (Seite 151).

Die Zwiebel oder Schalotten in Scheiben schneiden und in einem heißen, gusseisernen Schmortopf zusammen mit den Kaninchenstücken 8 Minuten von allen Seiten Farbe nehmen lassen. Mit dem Weißwein ablöschen. Die Tomaten grob zerkleinern, unterrühren und mit Salz und Pfeffer würzen. Zugedeckt 20 bis 25 Minuten schmoren lassen. Die Nieren nach der Hälfte, die Lebern 5 Minuten vor Ende der Garzeit zugeben.

Eine Kelle des Schmorfonds auf eine vorgewärmte Servierplatte schöpfen. Das Fleisch ausstechen und darauf anrichten. Mit den Tomaten und Zwiebeln garnieren und warm stellen. Den im Topf verbliebenen Schmorfond durch ein Sieb passieren und beiseite stellen.

Für die Senfsauce in einer Kasserolle den Wein mit 2 Teelöffeln der Kalbsfondpaste verrühren und unter ständigem Schlagen zum Kochen bringen. Die saure Sahne einrühren und bei lebhafter Hitze Achten schlagen, bis die Sauce von homogener, lockerer Konsistenz ist. Darauf achten, dass sie nicht überkocht. Den Senf unterrühren und mit Salz und Pfeffer abschmecken.

Für die Tomatensauce 300 ml des Schmorfonds mit der restlichen Kalbsfondpaste verrühren und 5 Minuten kochen lassen. Das Tomatenmark unterschlagen und mit Salz und Pfeffer abschmecken.

Die Saucen in Saucieren füllen und zu dem Kaninchen servieren; oder das Fleisch auf Tellern anrichten und mit beiden Saucen nappieren. Dazu den gekochten Dinkel reichen.

Gekochter Dinkel

FÜR 6 PERSONEN

Vorbereitung: 5 Minuten
Einweichzeit: 6 Stunden
Garzeit: 30 Minuten

300 g Dinkel
1 Stängel Blattsellerie
½ Lorbeerblatt
1 TL Salz
25 g Butter

Eine Kasserolle mit 600 ml Wasser füllen. Den gewaschenen Dinkel 6 Stunden darin quellen lassen. Den Sellerie, das Lorbeerblatt und Salz zugeben, aufkochen und 30 Minuten leise köcheln lassen. Den Topf mit einem Deckel verschließen und den Dinkel abseits der Kochstelle in 10 Minuten ausquellen lassen. Den Dinkel abtropfen lassen, die Butter unterziehen und als Beilage zu dem Wildkaninchenfrikassee, jedem Geflügel oder zu Kleinwild reichen.

Dinkel ist eine uralte Form des Weizens und wird häufig im ökologischen Landbau kultiviert. Beachten Sie die manchmal unterschiedlichen Kochanweisungen auf dem Etikett.

Kaninchen im Kräutermantel

Frische Kräuter direkt aus dem Garten lassen das köstliche Aroma dieses in der Folie gegarten Kaninchens noch intensiver werden. Eine Pilzmousse mit Paprika (Seite 138) ist die perfekte Ergänzung.

FÜR 6 PERSONEN

Vorbereitung: 20 Minuten
Garzeit: 35 Minuten

1 Hauskaninchen von
1,4 kg, mit Leber und
Nieren
Schale von ½ unbehandel-
ten Zitrone
2 Knoblauchzehen
2 Schalotten
2 Zweige Basilikum
2 Zweige Petersilie
1 Zweig Thymian,
abgezupft
½ Zweig Rosmarin,
abgezupft
1 Lorbeerblatt, die harte
Mittelrippe entfernt
Salz und Pfeffer aus der
Mühle
100 ml Olivenöl

Das Kaninchen in 12 Teile zerlegen, die Leber vierteln. Die Zitronen-schale 1 Minute in kochendem Wasser blanchieren; abtropfen lassen. Den geschälten und entkeimten Knoblauch und die geschälten Schalotten mit den Kräutern, der Zitronenschale sowie 1 Teelöffel Salz und ½ Teelöffel Pfeffer im Mixer zerkleinern. 75 ml Olivenöl zugießen und alles zu einer Paste verarbeiten.

Das Fleisch salzen und in einer Schüssel mit der Kräuterpaste gleich-mäßig einreiben.

Den Ofen auf 200 °C vorheizen.

6 Stücke Alufolie von 29 × 20 cm Größe zurechtschneiden. Jeweils die Mitte der Folien mit dem restlichen Olivenöl einstreichen. Das Fleisch, die Leberstücke und die Nieren gleichmäßig darauf verteilen. Die Folien locker verschließen, in eine feuerfeste Form oder auf ein Blech legen und im Ofen 35 Minuten backen. Nach Ende der Garzeit die Fleischpakete im ausgeschalteten Ofen noch 10 Minuten ruhen lassen. Die verschlossenen Pakete auf Tellern anrichten und erst am Tisch öffnen.

Man kann das vorbereitete Fleisch in der Folie an einem kühlen Ort bis zu einem Tag aufbewahren. Auch kalt ist das Kaninchen im Kräuter-mantel, zum Beispiel an einem warmen Sommertag auf der Terrasse, ein Hochgenuss.

Kaninchenlebercreme mit Rosinen

Obwohl eigentlich zum Aperitif serviert, eignet sich diese Kaninchenlebercreme genauso gut für eine deftige Jägermahlzeit im Wald. Im Kühlschrank kann sie 2 bis 3 Tage aufbewahrt werden.

FÜR 12 PERSONEN

Vorbereitung: 20 Minuten
Garzeit: 10 Minuten

750 g Kaninchenlebern
1 EL Wacholderbeeren
5 EL Calvados oder Gin
3 EL helle Rosinen
3 Schalotten
2 EL Traubenkernöl
2 TL Salz
1 TL weißer Pfeffer aus
der Mühle
1 Apfel (Granny Smith)
80 g Butter
Cracker oder geröstetes
Weißbrot und einige
Blätter krause Endivie
zum Servieren

Die Lebern vorbereiten: von Blutgerinnseln und -gefäßen befreien und jeweils in 3 bis 4 Stücke schneiden. Die Wacholderbeeren im Mörser oder mit einer schweren Messerklinge zerdrücken. Den Calvados oder Gin erhitzen und die Rosinen darin durchziehen lassen. Die Schalotten schälen und grob hacken. In einer Pfanne das Öl erhitzen, die Schalotten darin anschwitzen und die Lebern 2 Minuten mitschwitzen. Sie sollten innen noch rosa sein. Salzen, pfeffern und auf einem tiefen Teller beiseite stellen.

Den Apfel schälen und entkernen. Das Fruchtfleisch zunächst in Scheiben, dann in kleine Würfel schneiden. In derselben Pfanne 20 g Butter zerlassen und die Apfelwürfel 2 Minuten darin schwenken. Die eingeweichten Rosinen mit dem Calvados oder Gin zugeben, die Pfanne von der Kochstelle ziehen und mit einem Holzspatel den Bodensatz losrühren.

Im Mixer die Schalotten, Wacholderbeeren, die restliche Butter und die Lebern zu einer homogenen Creme verarbeiten. Mit Salz und Pfeffer abschmecken. Die Creme in eine Schüssel oder ein anderes geeignetes Gefäß füllen und vorsichtig die Apfelwürfel und Rosinen untermischen. Luftdicht verschließen, da die Oberfläche sonst oxidiert, und bis zum Servieren kühl lagern. Auf Cracker oder geröstetes Weißbrot streichen und auf Endiviensalat anrichten.

Wildkaninchenterrine mit Gemüse in Aspik

Der Vorteil dieses Rezeptes ist, dass man keinen Fleischwolf benötigt. Die Knochen des Kaninchens liefern einen sehr aromatischen Fond für den Aspik, doch können Sie sich diese Zubereitung auch sparen, indem Sie 4 Blatt Gelatine 5 Minuten in kaltem Wasser einweichen und anschließend in 400 Milliliter heißer Geflügelbrühe (Seite 125) auflösen.
Der Geschmack eines Wildkaninchens hängt entscheidend von seinem Lebensraum ab. Überflüssig zu sagen, dass ein Tier, das sich von Luzerne, Klee und Kohl ernährt hat, nicht nach Thymian oder Feldthymian schmecken kann.

FÜR 8 BIS 10 PERSONEN

Vorbereitung: 1 ½ Stunden
Marinierzeit: 6 Stunden
Garzeit: 2 Stunden und
40 Minuten
Ruhezeit: 24 Stunden

1 Wildkaninchen von etwa
800 g, ausgenommen,
mit Nieren
250 g Kaninchenlebern
Salz und Pfeffer aus der
Mühle
10 sehr dünne Scheiben
geräucherter Schweine-
bauch (130 g)
250 g Möhren
250 g Bleichsellerie
200 g gekochte Mais-
körner
1 Bund glatte Petersilie,
gezupft

Für die Marinade:
200 ml trockener
Weißwein
1 Schalotte, geschält
1 Knoblauchzehe, geschält
½ TL Pfeffer aus der
Mühle
1 TL frischer Thymian

Das Kaninchen auslösen (die Knochen für die Brühe beiseite legen). Die Lebern und Nieren in Frischhaltefolie einschlagen und kalt stellen. Das Kaninchenfleisch in kleine Stücke schneiden und leicht salzen und pfeffern. In einer Schüssel sämtliche Zutaten für die Marinade sorgfältig verrühren. Das Fleisch gründlich darin wenden und, mit Frischhaltefolie bedeckt, an einem kühlen Ort mindestens 6 Stunden marinieren lassen.

Inzwischen die Brühe zubereiten: In einer Kasserolle mit schwerem Boden das Öl erhitzen. Sobald es raucht, die Kaninchenknochen darin bei großer Hitze und unter gelegentlichem Wenden von allen Seiten anrösten. Die Schalotte, Knoblauch und Lauch, den Kalbsfuß, Sellerie, die Petersilie, das Lorbeerblatt und den Rosmarin zugeben und mit ¾ Liter Wasser auffüllen. Bei mittlerer Hitze etwa 1 ½ Stunden kochen lassen. Am Ende der Garzeit sollte ein knapper halber Liter Brühe verbleiben. Nur leicht salzen, da der Schweinebauch bereits gesalzen ist.

Den Ofen auf 170 °C vorheizen und ein Wasserbad vorbereiten. Eine Terrinenform mit 2 Liter Fassungsvermögen mit 8 Scheiben des geräucherten Schweinebauchs so auskleiden, dass sie nicht über-einander lappen. Die Lebern und Nieren in Stücke schneiden. Die Möhren schälen und in Stifte, den Sellerie in Würfel schneiden, beides mit dem Mais vermischen.

Immer abwechselnd eine Lage Fleisch, Gemüse und gehackte Peter-silienblätter in die Terrine einschichten, bis sämtliche Zutaten ver-

Für die Brühe:
1 EL Öl
1 Schalotte, halbiert
1 Knoblauchzehe
Das Grüne von 1 Lauch-
stange
1 Kalbsfuß, in 2 Teile
gespalten
5 Sellerieblätter
2 Zweige Petersilie
1 Lorbeerblatt
1 Zweig Rosmarin
Salz

braucht sind. Mit der vorbereiteten Brühe auffüllen und mit den verbliebenen Schweinebauchscheiben verschließen. Im Ofen im Wasserbad 1 Stunde und 10 Minuten garen.

Nach dem Ende der Garzeit die verdampfte Brühe wieder auffüllen, ein Brett auf die Terrine legen und mit einem Gewicht beschweren. Die Terrine im eiskalten Wasserbad rasch herunterkühlen. Sorgfältig in Frischhaltefolie einschlagen und mindestens 24 Stunden in den Kühlschrank stellen, damit sich die Aromen miteinander verbinden können und die Brühe geliert. Zum Servieren die Terrine stürzen und in Scheiben schneiden. Sie hält sich problemlos 3 bis 4 Tage und wird mit der Zeit immer besser.

Zum Käsegang, nachdem die Terrine verzehrt ist, wendet sich die Unterhaltung den Jagderfolgen und den verpassten Gelegenheiten zu. Ein guter Jäger bleibt stets bescheiden ... jedenfalls gegenüber dem Wild.

Kaninchenrillettes mit Entenschmalz

FÜR 12 PERSONEN

Vorbereitung: 30 Minuten
plus 30 Minuten am
Vortag
Marinierzeit: 12 Stunden
Garzeit: 3 Stunden
Abkühlzeit: 6 Stunden

2 Wildkaninchen von
je 1 kg
1 EL grobes Salz
2 EL gezupfter Thymian
1 Zweig Rosmarin
½ Knoblauchzehe
Pfeffer aus der Mühle
1 kg Entenschmalz

Am Vortag die Kaninchen in je etwa 12 Teile zerlegen. Das Fleisch waschen und sorgfältig trockentupfen; Blutgerinnsel und etwaige dunkle Stellen entfernen. Leber, Herz und Nieren können Sie mit ein paar Schalottenwürfeln sautieren und gleich verzehren. Für die Rillettes werden sie nicht gebraucht.

Das grobe Salz mit dem Thymian und den Rosmarinnadeln im Mörser zermahlen. Das Fleisch zunächst mit dem Knoblauch, dann mit der Salz-Kräuter-Mischung einreiben; pfeffern und in Frischhaltefolie oder in einer abgedeckten Schüssel im Kühlschrank über Nacht marinieren lassen.

Am nächsten Tag das Entenschmalz in einer großen Kasserolle zerlassen. Die marinierten Kaninchenteile einlegen und 3 Stunden bei ganz geringer Hitze garen. Das Fleisch wird dabei zwar sehr mürbe, lässt sich aber anschließend nicht wie bei den traditionellen Rillettes zerpflücken.

Das gegarte Fleisch von den Knochen lösen und wiegen. In den Mixer füllen, ⅓ seines Gewichts von dem zum Garen verwendeten Entenschmalz zugeben und grob zerkleinern. Die Rillettes in eine Terrine füllen und ½ Tag an einem kühlen Ort fest werden lassen. Die Oberfläche mit einer Schicht Entenschmalz versiegeln. Derart geschützt, halten sich die Rillettes 2 bis 3 Wochen.

Serviert werden die Kaninchenrillettes als deftiger Imbiss. Sie werden auf geröstetes Brot gestrichen und mit eingelegten Kirschen und Cornichons garniert oder auf Feldsalat mit Roter Bete angerichtet; oder sie werden zu einem Rübenpüree mit Essig (Seite 157) gereicht.

Obwohl etwas zeitaufwendig, gelingt dieses Rezept wirklich mühelos, wenn das Fleisch lange genug, aber ganz sanft gegart und anschließend im Mixer zerkleinert wird.

Rübenpüree mit Essig

FÜR 12 PERSONEN ALS
BEILAGE, FÜR 6 PERSONEN
ALS VORSPEISE

Vorbereitung: 15 Minuten
Garzeit: 30 Minuten

150 g Tomaten
500 g weiße Rübchen
2 Zwiebeln
1 EL Maiskeimöl
2 EL Rotweinessig
Salz und Pfeffer aus der
Mühle
2 EL Crème fraîche

Die Tomaten blanchieren und enthäuten. Die Rübchen und die Zwiebeln schälen und reiben. In einer Kasserolle mit schwerem Boden das Öl erhitzen und die Zwiebeln darin unter Rühren 5 Minuten sanft anschwitzen. Die Tomaten, Rübchen und den Essig zugeben, salzen, pfeffern und alles gründlich vermengen. Mit einem Deckel verschließen und 30 Minuten bei geringer Hitze garen.

Wenn Sie ein glattes, geschmeidiges Püree als Beilage zu Wild oder einem Geflügelgericht wünschen, die gegarten Gemüse mit der Crème fraîche im Mixer pürieren und bis zum Servieren im heißen Wasserbad warm stellen oder in der Mikrowelle wieder erhitzen.

Als Beigabe zu einer Terrine oder zu Rillettes das pürierte Gemüse vollständig auskühlen lassen; die Crème fraîche schaumig schlagen und unter das erkaltete Püree ziehen.

Die Jagd ist auch Ausdruck der Lebensfreude. Hier rasten Freunde bei einer Wachteljagd in Aveyron und teilen eine herzhafte Terrine und einen kräftigen Roten aus Marcillac oder Pomerol.

Hasenterrine mit Kirschen in Eau de vie

Diese köstliche Terrine besticht durch ihre außergewöhnliche Würze. Man kann sie auch mit in Essig eingelegten Kirschen zubereiten.

FÜR 15 PERSONEN
ERGIBT ETWA 2,5 KG

Vorbereitung: 45 Minuten plus 15 Minuten am Vortag
Marinierzeit: 24 Stunden
Garzeit: 2 Stunden
Ruhezeit: 24 Stunden

2 Schalotten
1 EL Öl
1 Hase von etwa 2,5 kg, möglichst mit seinem Blut
200 g Hasenlebern und Geflügelherzen oder -lebern
2 EL Weinessig
500 g Schweineschulter
500 g Schweinehals
1 TL *quatre épices* oder geriebene Muskatnuss und gemahlener Zimt
Salz und Pfeffer aus der Mühle
5 cl Marc de Bourgogne (oder ein anderer Tresterschnaps)
200 g in Kirschwasser eingelegte Kirschen
4 oder 8 dünne, großflächige Scheiben fetter Speck

Am Vortag: Die Schalotten schälen, fein hacken und in einer Pfanne 5 Minuten in dem Öl glasig schwitzen. Den Hasen zerlegen. Die Lebern und Herzen in einer Schüssel mit dem Blut und Essig beiseite stellen. Die Hasenstücke auslösen; die Rückenfilets beiseite legen. Das restliche Hasenfleisch, die Schweineschulter und das Halsfleisch von Fett und Sehnen befreien und durch die grobe Scheibe des Fleischwolfes drehen. Lebern und Herzen mit einem Messer grob zerkleinern. In einer großen Schüssel sämtliches Fleisch, die Blut-Essig-Mischung, die angeschwitzten Schalotten und die *quatre épices*-Gewürzmischung vermengen. Die Farce wiegen und mit 20 Gramm Salz und 2 Gramm Pfeffer pro Kilogramm würzen. Den Tresterschnaps und etwas Kirschwasser unter die Farce mischen, mit Frischhaltefolie bedecken und an einem kühlen Ort 24 Stunden durchziehen lassen.

Am nächsten Tag: Die Farce aus dem Kühlschrank nehmen. Den Boden von 2 Terrinenformen mit je 1 ½ Liter Fassungsvermögen mit der Hälfte der Speckscheiben auskleiden. Den Ofen auf 220 °C vorheizen und ein Wasserbad vorbereiten, in dem beide Formen Platz haben. Die Terrinenformen immer abwechselnd mit einer Schicht Farce, den in Streifen geschnittenen Rückenfilets und den eingelegten Kirschen füllen. Die letzte Schicht ist Farce. Die Terrinen mit den verbliebenen Speckscheiben verschließen und in dem vorbereiteten Wasserbad im Ofen 2 Stunden pochieren. Nach 30 Minuten die Ofentemperatur auf 150 °C herunterstellen.

Die Terrinen im eiskalten Wasserbad rasch abkühlen lassen. Sorgfältig in Frischhaltefolie wickeln und kalt stellen.

Bis zum Anschneiden mindestens 24 Stunden durchziehen lassen. Am besten schmecken die Terrinen nach etwa 8 Tagen. Insgesamt halten sie sich 10 bis 15 Tage.

Hasenrücken
mit Senfkruste und Cidre

Man kann für dieses Rezept den Hasenrücken gemeinsam mit den Keulen auch am Knochen zubereiten; rechnen Sie dafür etwa die doppelte Garzeit. Die restlichen Stücke des Tieres können Sie für ein Hasenpfeffer verwenden (Seite 165). Wenn Sie den Hasen vom Wildhändler zerlegen lassen, verlangen Sie die im Ganzen ausge- lösten Rückenfilets und lassen Sie die Läufe in den Gelenken abtrennen.

FÜR 5 PERSONEN

Vorbereitung: 35 Minuten plus 15 Minuten am Vortag
Garzeit: 35 bis 40 Minuten
Marinierzeit: 12 Stunden

2 Hasenrücken von je 500 g, ausgelöst
Salz, Pfeffer aus der Mühle
2 TL gemahlener Rosmarin
70 g scharfer Senf
15 Wacholderbeeren
1 Zwiebel, 2 Möhren
4 Stangen Bleichsellerie
3 EL Traubenkernöl
150 ml trockener Cidre
1 säuerlicher Apfel
100 ml saure Sahne
1 EL Apfel- oder Quittengelee

Am Vortag die Rückenfilets in einer Schüssel salzen, pfeffern und mit dem gemahlenen Rosmarin einreiben. Mit 50 Gramm Senf bestrei- chen, die zerdrückten Wacholderbeeren zugeben und, mit Frischhalte- folie bedeckt, über Nacht im Kühlschrank marinieren lassen.

Am nächsten Tag die Zwiebel und die Möhren schälen und wie den Sellerie in Würfel schneiden. In einem gusseisernen Schmortopf das Öl bis zum Rauchpunkt erhitzen und die Rückenfilets darin von allen Seiten scharf anbraten. Das Gemüse 1 Minute mitbraten und mit dem Cidre ablöschen. Unter gelegentlichem Rühren 18 bis 20 Minuten schmoren. Zwischendurch das Fleisch einmal wenden.

Inzwischen den Apfel schälen, entkernen und in Würfel schneiden. Die Filets nach Ende der Garzeit aus dem Topf nehmen und warm stellen. Die Apfelstücke, die saure Sahne, den restlichen Senf und das Gelee sorgfältig einrühren und mit Salz und Pfeffer abschmecken. 4 bis 5 Minuten einkochen lassen.

Die Rückenfilets tranchieren und auf einer vorgewärmten Platte an- richten. Das Gemüse rundum verteilen, mit der Sauce überziehen und Linsen mit Knoblauch dazu servieren.

Linsen mit Knoblauch

FÜR 5 BIS 6 PERSONEN

Vorbereitung: 5 Minuten
Einweichzeit: 12 Stunden
Garzeit: 15 Minuten

250 g grüne Linsen
10 Knoblauchzehen, Salz
3 EL Crème fraîche
Pfeffer aus der Mühle

Am Vortag die Linsen in kaltem Wasser einweichen und über Nacht quellen lassen.

Am nächsten Tag die Linsen abgießen, in einer Kasserolle mit kaltem Wasser bedecken und zum Kochen bringen. Die ungeschälten Knob- lauchzehen zugeben und 15 Minuten köcheln lassen. Erst am Ende der Garzeit salzen.

Die Knoblauchzehen schälen, zerdrücken und mit der Crème fraîche ver- mischen. Unter die Linsen ziehen, mit Salz und Pfeffer abschmecken.

Croque-Monsieur mit Roquefort und Trauben

ERGIBT 12 BIS 16 MINI-
CROQUE-MONSIEUR

Vorbereitung: 15 Minuten
Garzeit: 12 Minuten

60 g Roquefort
Pfeffer aus der Mühle
4 große Scheiben Weiß-
brot (18 × 10 cm)
100 g Chasselas-Trauben
(oder eine andere dünn-
häutige Sorte)
100 g Butter
6 Walnusskernhälften,
gehackt

Den Roquefort mit etwas Pfeffer aus der Mühle zerdrücken und nötigenfalls mit 1 Esslöffel weicher Butter auf eine streichfähige Konsistenz bringen. Die Weißbrotscheiben einseitig damit bestreichen. Die Trauben halbieren und entkernen. In einer Pfanne 50 Gramm Butter zerlassen. Die Trauben mit der Hautseite nach unten einlegen und 3 Minuten sautieren. Mit einem Schaumlöffel herausnehmen. 1 Brotscheibe mit der bestrichenen Seite nach oben in die Pfanne legen und die Hälfte der Trauben und der gehackten Walnüsse darauf verteilen. Mit einer zweiten Brotscheibe, bestrichene Seite nach unten, bedecken und mit einem Deckel leicht andrücken, damit die Zutaten aneinander haften. Bei mittlerer Hitze 3 Minuten rösten, wenden und von der anderen Seite ebenfalls 3 Minuten rösten. Falls nötig, noch etwas Butter zugeben.

Den fertigen Croque-Monsieur auf einem Teller warm stellen und mit den restlichen Brotscheiben auf die gleiche Weise verfahren. Die fertigen Croque-Monsieur in 6 bis 8 Teile schneiden.

Diese wie ein Sandwich zubereiteten Weißbrotscheiben sind ideal zum Aperitif, als kleiner Imbiss oder als Beilage zu Wildschwein, Kaninchen oder Hase.

Hasenpfeffer

Hasenpfeffer ohne das Blut des Hasen ist schlicht ein Ragout. Das Rezept lässt sich je nach Größe des Tieres und Anzahl der Gäste variieren. Wenn Sie einen Hasen von 4 Kilogramm für 8 Gäste nehmen, empfehle ich Ihnen, den Rücken als Braten zurückzubehalten. Bei einem 2 bis 2 ½ Kilogramm schweren Tier verkürzt sich die Garzeit um etwa 30 Minuten.

FÜR 10 PERSONEN

Vorbereitung: 10 Minuten plus 30 Minuten am Vortag
Garzeit: etwa 3 Stunden
Marinierzeit: 12 Stunden

1 Hase von 3 kg, abge-balgt, mit der Leber und seinem Blut
1 EL Rotweinessig
1 Bund Frühlingszwiebeln
150 g geräucherter Speck, in Streifen geschnitten
3 EL Olivenöl
10 g Salz
5 g Pfeffer
5 g Zucker
2 EL Mehl
200 ml Rotwein (vorzugs-weise Pomerol)
250 g Champignons

Für die Marinade:
1 ½ l kräftiger Rotwein
5 cl Calvados
5 cl Cognac
3 Knoblauchzehen, halbiert
1 große Zwiebel, gespickt mit 2 Nelken
½ Lorbeerblatt
1 Zweig Thymian
3 EL Olivenöl

Am Vortag: Den Hasen in etwa 15 Teile zerlegen. In einer Schüssel die Leber mit dem Blut und dem Essig vermengen und kalt stellen. Den Lauch der Frühlingszwiebeln abtrennen und in Stücke schneiden. Für die Marinade sämtliche Zutaten verrühren. Den Zwiebellauch zugeben und die Hasenstücke in die Marinade einlegen. Mit Frischhaltefolie bedecken und über Nacht im Kühlschrank marinieren lassen.

Am nächsten Tag: Die Speckstreifen mit kaltem Wasser bedecken, zum Kochen bringen und 30 Sekunden blanchieren. Kalt abschrecken. Die Hasenstücke aus der Marinade nehmen und anhaftende Zutaten abtup-fen. In einem Schmortopf das Olivenöl sehr heiß werden lassen und das Fleisch in Partien zu 3 bis 4 Stück von allen Seiten scharf anbraten. Auf einen großen Teller legen und mit Salz, Pfeffer und Zucker würzen. Die Frühlingszwiebeln und den Speck in dem Schmortopf anrösten. Die angebratenen Hasenstücke mit dem Mehl bestäuben und zu-fügen. Die Marinade durch ein feines Sieb dazugießen. Den Knob-lauch, Lorbeer und Thymian aus der Marinade ebenfalls dazugeben. Mit einem Holzlöffel den Bratensatz vom Topfboden losrühren. Den Topf verschließen und alles bei geringer Hitze 1 ½ Stunden köcheln lassen. Den Deckel abnehmen und weitere 1 ½ Stunden garen.

Das Lorbeerblatt und den Thymian herausfischen. Die verkochte Flüs-sigkeit durch den Rotwein ersetzen. Das Fleisch sollte zart und noch saftig sein.

Die Champignons putzen und vierteln. Unter den Hasenpfeffer rühren und abschmecken. Nicht mehr kochen. Die Leber und das Blut zugeben und weitere 8 Minuten unter ständigem Rühren bei niedriger Hitze ziehen lassen, bis das Blut gebunden und die Sauce eine sämige Konsistenz hat. Den Hasenpfeffer mit in Butter geröste-ten Croûtons und Bandnudeln servieren.

Gebeizter Hirschkuhbraten
mit Rosinen-Armagnac-Sauce

Alexandre Dumas hat Hirsch und Hirschkuh in seinem Grand Dictionnaire *nicht erwähnt, obwohl er doch beide zumindest gekostet, wenn nicht sogar gejagt hat.*

FÜR 10 PERSONEN

Vorbereitung: 1 Stunde plus 30 Minuten am Vortag
Garzeit: 1 ½ Stunden
Marinierzeit: 24 Stunden

1 Hirschkuhschulter von 2,5 kg, ausgelöst
1 EL Pfefferkörner
Öl

Für die Marinade:
1 ½ l guter Rotwein (Bordeaux oder Bourgogne)
1 Bouquet garni
½ unbehandelte Orange
1 Schalotte, gespickt mit 1 Nelke
1 Knoblauchknolle, ungeschält halbiert
15 bis 20 Wacholderbeeren, zerdrückt
Einige Petersilienstängel
1 Möhre oder 1 Lauchstange, grob zerkleinert

Für die Sauce:
50 g helle Rosinen
5 cl Armagnac
2 EL Kalbsfondpaste
50 g Tomatenmark
100 ml Sahne
2 TL Preiselbeerkonfitüre
2 TL scharfer Senf
Salz und Pfeffer aus der Mühle

Am Vortag in einer großen Schüssel sämtliche Zutaten für die Marinade vermengen und das Fleisch einlegen. Die Pfefferkörner auf dem Fleisch verteilen und zugedeckt 24 Stunden an einem kühlen Ort marinieren lassen, zwischendurch zweimal wenden. Die Rosinen für die Sauce in den Armagnac einlegen und luftdicht verschließen.

Am nächsten Tag das Fleisch 3 Stunden vor der Zubereitung in der Marinade Raumtemperatur annehmen lassen.

Den Ofen auf 200 °C vorheizen.

Die Schulter aus der Marinade nehmen. Die Marinade abseihen, die halbe Orange und das Bouquet garni zurückbehalten.

Für die Sauce die Rosinen in dem Armagnac in einer 3 Liter fassenden Kasserolle mit schwerem Boden erhitzen und flambieren. Die Marinade, den ausgepressten Orangensaft, das Bouquet garni, die Kalbsfondpaste und das Tomatenmark einrühren und unbedeckt 45 Minuten köcheln lassen. Das Bouquet garni herausnehmen und die Sahne zugießen. Die Konfitüre und den Senf unterrühren und mit 1 Teelöffel Salz und ½ Teelöffel Pfeffer würzen. Bei geringer Hitze weitere 10 bis 15 Minuten reduzieren lassen.

Während die Sauce einkocht, die Schulter mit Öl einreiben und in eine große, feuerfeste Form setzen. Im Ofen 75 bis 85 Minuten braten; dabei regelmäßig mit der reduzierenden Sauce übergießen. Nach der Hälfte der Garzeit das Fleisch wenden.

Die gebratene Schulter 5 Minuten ruhen lassen, auf eine Platte umsetzen, mit Alufolie bedecken und warm stellen. Den Bratensatz in der Form mit etwas Sauce ablöschen, losrühren und zurück zu der restlichen Sauce in die Kasserolle gießen.

Die Schulter in dünne Scheiben schneiden und mit etwas Sauce nappieren. Die restliche Sauce in eine Sauciere füllen. Mit Maronenpüree (Seite 173) und Preiselbeerkonfitüre oder Croque-Monsieur mit Roquefort und Trauben (Seite 163) servieren.

Das rosa gebratene Fleisch wie die Sauce kann man auch kalt essen.

Hirschkarree
mit Rotkohl und Backpflaumen

Für diese Zubereitung im Ofen benötigt man das Fleisch eines jungen Tieres. Andernfalls sollten Sie es zuvor marinieren wie bei dem Wildschweinragout mit Wacholdermarinade auf Seite 178.

(Seite 178)

FÜR 4 BIS 5 PERSONEN

Vorbereitung: 20 Minuten
Ruhezeit: 1 Stunde
Garzeit: etwa 60 Minuten

900 g fleischiges Rippen-
stück von einer jungen
Hirschkuh oder einem
jungen Hirsch
Olivenöl
Grobes Salz
Pfeffer aus der Mühle
6 Zweige Thymian
2 Schalotten
1 kleiner Kopf Rotkohl
10 Backpflaumen
4 EL Rotweinessig
3 bis 4 EL Rotwein

Das Karree in einer Schüssel mit Olivenöl einstreichen, salzen, pfeffern und mit den Thymianzweigen einreiben. Mit Frischhaltefolie bedecken und bei Raumtemperatur mindestens 1 Stunde einwirken lassen.

Die Schalotten schälen und in feine Scheiben schneiden; den Kohl putzen und in dünne Streifen schneiden. In einem Schmortopf 2 Esslöffel Olivenöl erhitzen. Die Schalotten und die Kohlstreifen unter häufigem Rühren 10 Minuten bei mittlerer Hitze anschwitzen. Die Backpflaumen entsteinen, vierteln, mit dem Essig vermengen und mit den Thymianzweigen unter den Kohl rühren. Salzen, pfeffern und weitere 10 Minuten garen.

Das Fleisch in eine mit Öl ausgestrichene Bratenpfanne setzen, bei 200 °C in den nicht vorgeheizten Ofen schieben und 35 bis 40 Minuten braten. Im ausgeschalteten Ofen 10 Minuten ruhen lassen; anschließend das Fleisch herausnehmen.

Den Wein in die Bratenpfanne gießen und mit dem leicht karamellisierten Jus verrühren. Dabei sorgfältig den Bratensatz vom Pfannenboden lösen. Die Sauce unter den Rotkohl rühren. Den Thymian entfernen.

Das Karree auslösen, in Scheiben schneiden und im Topf oder auf einer vorgewärmten Platte auf dem Kohl anrichten. Mit Polenta (Seite 83) oder gekochtem Dinkel (Seite 151) servieren.

(Seite 83) ... (Seite 151)

Frikassee
von Rehinnereien

Dieses Gericht wird traditionell zum Abschluss eines hehren Jagdtages gegessen. Den Whisky kann man auch durch Rotwein ersetzen. Das Rezept lässt sich auch mit der Leber eines jungen Wildschweins zubereiten, die allerdings gut gesäubert werden muss, da sie im Gegensatz zur Rehleber eine Gallenblase enthält.

FÜR 3 BIS 4 PERSONEN

Vorbereitung: 10 Minuten
Garzeit: 15 Minuten

3 Schalotten
4 Knoblauchzehen
1 Bund Petersilie
800 g Rehinnereien
(Leber, Herz, Nieren)
Salz und Pfeffer aus der Mühle
3 EL Olivenöl
5 cl Whisky
1 Kopf grüner Friséesalat, geputzt, gewaschen und in mundgerechte Stücke zerteilt
1 TL Essig

Die Schalotten und den Knoblauch schälen und hacken. Die Petersilie zupfen und hacken. Die Nieren von Harnleiter und Fettablagerungen befreien, die dünne Außenhaut abziehen. Die Lebern und Herzen putzen, aber nicht waschen. Die Innereien in 2 cm große Würfel schneiden; salzen und pfeffern.

In einer Pfanne das Öl erhitzen, die Schalotten und den Knoblauch darin kurz anschwitzen. Die Innereien zugeben, von allen Seiten Farbe nehmen lassen und bei geringer Hitze unter Rühren etwa 15 Minuten garen. Mit dem Whisky ablöschen und flambieren. Die gehackte Petersilie unterrühren.

Den Salat in eine Schüssel füllen. Einige Esslöffel des Bratfonds mit dem Essig verrühren und über den Salat träufeln.

Kartoffelpüree ist ein geeigneter Begleiter zu diesem Frikassee.

Rehsteaks oder Tournedos mit Orangen-Ingwer-Sauce

Ein junges Reh liefert äußerst feine Rückenfilets und seine Schlegel eine sehr zarte Nuss. Rosa gebraten verlangen diese Fleischstücke erster Güte nach einer besonders edlen und leicht süßsauren Beilage.

FÜR 6 PERSONEN

Vorbereitung: 15 Minuten
Garzeit: 11 Minuten

1,2 kg Rehfilet oder
Rehnuss, in 6 Tournedos
oder Steaks von je 200 g
geschnitten
Salz und Pfeffer aus der
Mühle
100 g Butter
1 Schalotte
5 cm frischer Ingwer
1 unbehandelte Orange
1 Prise Cayennepfeffer
1 TL Senf
2 EL Johannisbeergelee
100 ml Portwein

FÜR 6 PERSONEN

Vorbereitung: 30 Minuten
Garzeit: 15 Minuten

3 fest kochende, dünn-
schalige Kartoffeln
(je 150 g)
6 EL Entenschmalz
Grobes Meersalz

Das Fleisch salzen und pfeffern. Eine Pfanne heiß werden lassen, die Hälfte der Butter zerlassen und das Fleisch darin von jeder Seite etwa 3 Minuten braten: Es sollte innen noch leicht rosa sein. Das Fleisch auf einer Platte mit Alufolie bedecken und warm stellen.

Die Schalotte und den Ingwer schälen und fein hacken. Die Orange zur Hälfte dünn schälen und die Zeste in kochendem Wasser einige Sekunden blanchieren. Abtropfen lassen. Die Frucht auspressen.

In derselben Pfanne die Schalotte in der restlichen Butter anschwitzen. Die in feine Streifen geschnittene Orangenschale, Orangensaft, Ingwer, Cayennepfeffer, Senf und Johannisbeergelee zugeben und 5 Minuten köcheln lassen. Den Portwein zugießen und alles bei ganz geringer Hitze gründlich verrühren. Mit Salz und Pfeffer abschmecken. Das Fleisch in der Sauce kurz erwärmen. Auf vorgewärmten Tellern mit Rösti und Preiselbeeren servieren.

Rösti

Die Kartoffeln gründlich waschen und abbürsten; nicht schälen. Mit der Gemüsereibe grob raffeln und in kaltem Wasser auffangen, um einen Teil der Stärke auszuschwemmen. Das Wasser mehrmals wechseln. Die Kartoffelstreifen abtropfen lassen und mit einem Küchentuch sorgfältig trockentupfen.

In einer beschichteten großen Pfanne 2 Esslöffel Entenschmalz erhitzen. Die Kartoffelstreifen löffelweise in Partien in das heiße Fett geben (je 5 Rösti gleichzeitig), flach drücken und von jeder Seite 2 Minuten rösten. Zwischendurch immer wieder wenden, damit sie nicht verbrennen. Die fertigen Rösti auf Küchenpapier abtropfen lassen, salzen und warm stellen. Sämtliche Kartoffelstreifen auf die gleiche Weise verarbeiten. Wenn nötig, weiteres Fett in die Pfanne geben. Die Rösti vor dem Servieren ohne Zugabe von Fett wieder erwärmen.

Schaumiges Maronenpüree

FÜR 8 BIS 10 PERSONEN

Vorbereitung: 20 Minuten
Garzeit: 25 Minuten

800 g Maronen, Schale
und Innenhaut entfernt
2 Stängel Blattsellerie
1 l Vollmilch
2 TL Salz
½ TL Pfeffer
3 TL Preiselbeerkonfitüre
100 ml Sahne

Die Maronen mit dem Blattsellerie in der Milch etwa 20 Minuten kochen. Sie sollten sehr weich sein. Die Maronen mit 100 ml von der Milch durch ein Passiergerät streichen. Das Püree mit Salz und Pfeffer abschmecken und die Preiselbeerkonfitüre unterrühren, die Masse sollte gut gewürzt sein.

Wenn Sie das Püree heiß servieren, die Sahne unterziehen und abdecken, damit sich keine trockene Haut auf der Oberfläche bildet. Vor dem Servieren in der Mikrowelle oder im heißen Wasserbad wieder erhitzen.

Wollen Sie das Püree kalt servieren, die Sahne in einer zuvor 15 Minuten im Gefrierschrank gekühlten Schüssel steif schlagen. Vorsichtig mit 3 Esslöffeln des lauwarmen Maronenpürees vermengen und anschließend unter das restliche Püree heben. Bis zum Servieren kalt stellen.

Sie können aus dem Maronenpüree mithilfe eines Esslöffels auch *quenelles* (Klößchen) abstechen und auf dem Teller anrichten.

Rehkeule
mit Wild-Demiglace

Rehkeule sollte möglichst auf den Punkt durchgegart werden. Gart man sie zu lange, wird das Fleisch grau und zäh. Also lieber etwas zu früh als zu spät aus dem Ofen nehmen.

FÜR 8 BIS 10 PERSONEN

Vorbereitung (über 3 Tage):
10 Minuten plus 20 Minuten am Vortag und
15 Minuten am Vorvortag
Marinierzeit: 24 Stunden
Garzeit: 2 Stunden und
5 Minuten
Kühlzeit: 12 Stunden

1 Rehkeule von 2,5 kg, hohl ausgelöst, mit dem gehackten Knochen
Salz und Pfeffer aus der Mühle
3 EL Traubenkernöl
Einige rote Beerenfrüchte zur Dekoration (Preiselbeeren, Johannisbeeren)

Für die Marinade:
1 Möhre oder 1 Lauchstange
2 EL Traubenkernöl
750 ml kräftiger Rotwein (Côtes-du-Rhône oder Bourgogne)
1 Bouquet garni (Thymian, Rosmarin, Lorbeerblatt)
1 ungeschälte Schalotte, gespickt mit 1 Nelke
1 ungeschälte Knoblauchknolle, halbiert
15 bis 20 Wacholderbeeren, zerdrückt
Einige Petersilienstängel

Am 1. Tag die Marinade zubereiten. Die Möhre oder den Lauch in dünne Streifen schneiden. In dem Öl 5 Minuten anschwitzen, mit dem Wein auffüllen und zum Kochen bringen. Die restlichen Zutaten zugeben und 10 Minuten bei milder Hitze köcheln lassen. Die Marinade in eine Schüssel gießen und im eiskalten Wasserbad rasch herunterkühlen. Die Rehkeule in Form binden, mitsamt den Knochen und Parüren in die Marinade einlegen und an einem kühlen Ort 24 Stunden marinieren lassen.

Am 2. Tag den Ofen auf 180 °C vorheizen. Das Fleisch aus der Marinade nehmen, trockentupfen und mit Salz und Pfeffer würzen. In einem gusseisernen Schmortopf das Öl erhitzen und die Keule von allen Seiten scharf anbraten. Den Schmortopf unbedeckt in den Ofen schieben und das Fleisch 1 ½ Stunden braten. Die Keule im ausgeschalteten Ofen 5 Minuten ruhen lassen.

Inzwischen die Marinade mit sämtlichen Zutaten, den Knochen und Parüren in eine Kasserolle füllen und bei geringer Hitze 20 Minuten einkochen lassen. Den sich an der Oberfläche absetzenden Schaum regelmäßig abschöpfen. Die Knochen herausnehmen und die Sauce durch ein feines Sieb passieren. Mit Salz und Pfeffer abschmecken. Die Keule auf eine tiefe Platte setzen. Den Bratensatz mit der Sauce ablöschen und mit einem Holzlöffel vom Topfboden lösen. Über das Fleisch gießen, abkühlen lassen und über Nacht kalt stellen.

Am 3. Tag die Keule aus der Sauce nehmen und tranchieren. Die Fleischscheiben fächerförmig auf einer Platte anrichten und mit der kalten Sauce nappieren. Mit den Beeren dekorieren und mit einem kalten Maronenpüree (Seite 173) als Beilage servieren.

Sie können die Keule, in dünne Scheiben tranchiert, auch für ein kaltes Büfett verwenden oder, wie auf dem Foto, bereits am 2. Tag heiß mit in Brühe gekochten Maronen servieren. In dem Fall reicht man Fleisch und Sauce separat.

Wildschweinragout
mit frischen Kräutern

Wenn das Fleisch von einem sehr jungen Tier (Frischling) stammt, benötigen Sie für dieses Rezept zwei Schultern, da sie ausgelöst nur jeweils 450 bis 500 Gramm auf die Waage bringen. Die Garzeit beträgt dann etwas weniger als 3 Stunden. Diese Zubereitung ohne Marinade ist sehr reizvoll, da das Aroma der Kräuter dank der langen Garzeit besonders gut zur Geltung kommt.

FÜR 6 PERSONEN

Vorbereitung: 20 Minuten
Garzeit: 3 bis 4 Stunden

900 g Wildschwein-
schulter, ausgelöst
Salz und Pfeffer aus der
Mühle
1 Zwiebel
6 Knoblauchzehen
2 Nelken
6 Zweige Thymian,
abgezupft
2 Zweige Rosmarin,
abgezupft
2 Lorbeerblätter, Mittel-
rippen entfernt
10 Wacholderbeeren
Saft und Schale von
½ unbehandelten Orange
200 ml Olivenöl
1 ½ l Rotwein (Beaux-de-
Provence oder ein ähn-
licher Wein)
4 EL Mehl
40 g Bitterschokolade

Das Fleisch in Würfel schneiden, großzügig salzen und pfeffern. Die Zwiebel und die Knoblauchzehen schälen und vierteln. Mit den Kräutern und Gewürzen sowie Orangensaft und -schale vermengen. Unter Rühren das Öl und so viel Wein zugießen, dass eine dickflüssige Masse entsteht. Das Fleisch von allen Seiten gleichmäßig in der Kräuter-Öl-Mischung wenden.

Einen verschließbaren Schmortopf mit dickem Boden auf großer Stufe sehr heiß werden lassen und das Fleisch von allen Seiten scharf anbraten. Die Temperatur herunterstellen, nach und nach unter Rühren das Mehl einstreuen und kurz mitrösten. So viel Wein zugießen, dass das Fleisch 3 cm hoch mit Flüssigkeit bedeckt ist. Die Schokolade einrühren und schmelzen lassen. Den Topf mit einem Deckel verschließen und das Fleisch mindestens 3 Stunden bei geringer Hitze schmoren lassen. Zwischendurch immer wieder wenden und besonders zum Ende der Garzeit darauf achten, dass das Ragout nicht ansetzt. Falls zu viel Flüssigkeit verkocht und das Fleisch noch nicht weich ist, etwas Wein nachgießen.

Mit gebackenen Ofenkartoffeln servieren.

Das Wildschweinragout wird im Topf serviert. Dazu passen am besten große Ofenkartoffeln, die ungeschält im Ofen oder in der Ascheglut 1 Stunde gebacken und anschließend mit grobem Salz bestreut werden.

Wildschweinragout
mit Wacholdermarinade

Für dieses Gericht können Sie Bauchfleisch oder Hals ebenso gut verwenden wie Schulter, vorausgesetzt, das Tier war nicht schwerer als 60 Kilogramm. Je älter das Wildschwein, desto fester sein Fleisch und desto intensiver sein Geschmack. Das Fleisch muss recht lange schmoren – wie früher das der Hausschweine, als diese noch alles fraßen, was ihnen unter die Schnauze kam.

FÜR 6 PERSONEN

Vorbereitung: 20 Minuten am Vortag
Marinierzeit: 24 Stunden
Garzeit: 3 Stunden

900 g Wildschwein-fleisch, ausgelöst
Salz und Pfeffer aus der Mühle
3 EL Olivenöl
2 EL Mehl
20 g Bitterschokolade
1 EL Balsamico- oder Sherry-Essig
2 Möhren
4 Zwiebeln

Für die Marinade:
750 ml kräftiger Rotwein (Côtes-du-Rhone)
1 Bouquet garni (Thymian, Rosmarin, Lorbeerblatt)
½ unbehandelte Orange
1 ungeschälte Schalotte, gespickt mit 1 Nelke
1 Knoblauchknolle, unge-schält, halbiert
15 bis 20 Wacholder-beeren, zerdrückt
Einige Petersilienstängel
1 Möhre oder 1 Lauch-stange

Am Vortag das Fleisch in Würfel schneiden. In einer Schüssel sämt-liche Zutaten für die Marinade vermengen und das Fleisch einlegen. Abgedeckt an einem kühlen Ort, aber nicht im Kühlschrank, 24 Stun-den marinieren lassen.

Am nächsten Tag das Fleisch in einem Sieb abtropfen lassen, die Flüssigkeit auffangen. Das Bouquet garni öffnen und beiseite legen; die halbe Orange auspressen und etwas von der Schale abschälen. Das Fleisch salzen und pfeffern.

In einem gusseisernen Schmortopf das Olivenöl erhitzen. Sobald es raucht, die Fleischstücke nach und nach in etwa 3 bis 4 Minuten von allen Seiten scharf anbraten. Mit dem Mehl bestäuben und mit der Marinade auffüllen. Die Kräuter, Orangensaft und -schale, die Scho-kolade und den Essig einrühren und alles bei geringer Hitze etwa 2 Stunden schmoren lassen. Die geschälten und in Scheiben geschnittenen Möhren und Zwiebeln zugeben, leicht salzen und pfeffern und 1 weitere Stunde garen.

Den Thymian, Rosmarin und Lorbeer entfernen und das Ragout im Topf servieren. Ist Ihnen die Sauce zu dünnflüssig, etwas einkochen lassen. Sie können auch 200 ml Flüssigkeit abnehmen und mit den Möhren und Zwiebeln im Mixer pürieren. Die eingedickte Sauce zu-rück in den Topf gießen oder separat in einer Sauciere reichen.

Als Beilage passt ein Selleriepüree (Seite 75). Ein Gelee von roten Beeren verleiht dem Ganzen zusätzlich eine hübsche Farbe.

Wenn das Fleisch von einem Tier stammt, das schwerer als 70 Kilogramm war, fügen Sie der Marinade zusätzlich 200 ml Rotweinessig und 5 cl Cognac zu und lassen Sie es einen weiteren Tag (im Kühlschrank, damit die Marinade nicht zu gären beginnt) marinieren.

Gebratene Wildschweinkeule
mit Pfeffersauce

Pfefferkörner werden bei langer Zubereitungsdauer bitter. Fügen Sie sie daher erst kurz vor Ende der Garzeit zu und stellen Sie zusätzlich die Pfeffermühle auf den Tisch.

FÜR 10 PERSONEN

Vorbereitung: 30 Minuten
Garzeit: 1 ½ Stunden

1 Wildschweinkeule von etwa 2,3 kg
1 Zweig Rosmarin
2 Zweige Thymian
2 Lorbeerblätter
Salz und Pfeffer aus der Mühle
2 EL Olivenöl

Für die Pfeffersauce:
2 EL Öl
1 Möhre, geschält
2 Schalotten, geschält
250 ml Rotwein
50 g Kalbsfondpaste
10 Pfefferkörner
4 EL Balsamico- oder Sherry-Essig
Salz und Pfeffer aus der Mühle
50 g Butter
50 g getrocknete Aprikosen

Die Keule mit einem trockenen Küchentuch abreiben, parieren und auslösen. Den Knochen mit einem Küchenbeil zerkleinern und mit den Parüren zur Seite legen, sie werden für die Sauce gebraucht. Den Ofen auf 220 °C vorheizen.

Die Keule mit den Kräutern füllen und mit Küchengarn zu einem Braten verschnüren. Rundum salzen, pfeffern und mit dem Olivenöl einreiben. In einen Schmortopf setzen und unbedeckt in den heißen Ofen schieben. Nach 15 Minuten die Temperatur auf 180 bis 200 °C herunterstellen und weitere 75 Minuten braten. Während des Bratens ab und zu mit dem Bratensaft übergießen. Den fertigen Braten im ausgeschalteten Ofen noch 15 Minuten ruhen lassen.

Inzwischen die Sauce zubereiten: Das Öl erhitzen und die Knochen und Parüren 10 Minuten darin anbraten. Sobald sie Farbe genommen haben, die in Scheiben geschnittene Möhre, die Schalotten, 750 ml Wasser, den Wein und die Kalbsfondpaste einrühren. Aufkochen lassen und auf die Hälfte reduzieren. Die Pfefferkörner zerdrücken und mit dem Essig zugeben. Weitere 5 Minuten kochen lassen.

Die Sauce durch ein Sieb abseihen. Zusammen mit den Möhrenscheiben und den Schalotten zurück in die Kasserolle geben. Den Bratensaft zugießen, mit Salz und Pfeffer abschmecken und mit dem Mixstab pürieren. Die kalte Butter in Stücken unterschlagen, bis die Sauce eine sämige Konsistenz erlangt hat. Die Aprikosen in kleine Würfel schneiden und unterrühren.

Die Wildschweinkeule tranchieren. Einige bevorzugen die stärker durchgegarten, andere die innen noch rosafarbenen Stücke; doch sollte Wildschwein in jedem Fall vollkommen durchgegart sein. Die Sauce in einer Sauciere dazu reichen. Wie der Name der Sauce bereits verrät, gebührt dem Pfeffer der Ehrenplatz darin. Frisch gebackene Blätterteigschiffchen, gefüllt mit Preiselbeerkonfitüre und Apfelstücken aus dem Ofen, sind eine attraktive Beilage.

Praktische Hinweise

Das Abhängen des Wildes

Eine Frage des Geschmacks? Von der Schnepfe, die man erst isst, wenn sie praktisch von allein vom Haken fällt, bis zum Feldhasen, der direkt nach der Jagd im Kochtopf landet, gibt es eine ganze Reihe von Möglichkeiten, das Wildbret zu behandeln. Vergessen wir nicht,

dass es bis zum 20. Jahrhundert keine Kühlschränke gab und die Jäger sich lange an der frischen Luft aufhielten. Jeden Tag stiegen sie in den Keller hinab und suchten einen guten Tropfen oder ein paar Obststücke aus. Das Wild hing an einem kühlen, luftigen Ort und wurde zumeist an Sonn- und Feiertagen zubereitet, wenn es für alle Gäste Fleisch geben sollte. Heute ist das Abhängen nicht mehr gebräuchlich. Stattdessen reift das Wildbret (die Innereien ausgenommen) ein paar Tage an einem kühlen Ort, wobei es zart wird und sein charak-

teristisches Aroma entwickelt. Bietet man Ihnen also einen schmackhaften Vogel an, so lassen Sie ihn ruhig für kurze Zeit im Federkleid; handelt es sich um ein Stück Haarwild, wickeln sie es für ein paar Tage in Papier ein und suchen Sie in aller Ruhe in diesem Buch das Rezept heraus, das je nach Art, Alter und Größe des Wildes und natürlich nach Ihrem persönlichen Geschmack am geeignetsten ist.

Rupfen und Lagern von Federwild

Wildgeflügel im Federkleid hält sich unverpackt im Gemüsefach des Kühlschranks 4 bis 5 Tage, Schnepfen sogar bis zu einer Woche. In der warmen Jahreszeit muss der Vogel noch am Tag des Erlegens ausgenommen werden. Wird das Geflügel gleich nach der Jagd gerupft und ausgenommen, vermeiden Sie am ehesten möglichen Fleischverlust, denn

die Bedingungen einer Jagd sind nicht mit den sterilen Verhältnissen eines Schlachthofs zu vergleichen.

Ein Rebhuhn lässt sich leichter rupfen als ein Fasan, der wiederum ist einfacher zu rupfen als eine Ente: Halten Sie, auf einem Stuhl sitzend, die Ellenbogen auf die leicht geöffneten Knie gestützt, den Vogel in der linken Hand mit dem Kopf nach unten über eine Plastiktüte, die geöffnet vor Ihren Beinen steht. Rupfen Sie, am Rücken beginnend, die Federn gegen die Wuchsrichtung heraus. Den Vogel Stück für Stück drehen und bis zur Brustseite vorarbeiten. Zuletzt die Keulen und Flügel rupfen. Mit einer Geflügelschere die Flügelspitzen kürzen. Entenflaum lässt sich besser greifen, wenn man ihn etwas einfettet. Anschließend den Kopf und den Hals abtrennen. Die Ständer daranlassen; sie erleichtern das Identifizieren des eingefrorenen Vogels. Das Geflügel ausnehmen und etwaige Flaum- und Federreste über der Herdflamme absengen. Den Vogel mit dem Herz, der Leber und dem entleerten, gesäuberten Magen verpacken und mit einem Etikett beschriften.

Messer und kleine Küchengeräte

Die erfolgreiche Zubereitung von Wild und Wildgeflügel beginnt bereits mit der Wahl des richtigen Schneidewerkzeugs. Profis verwenden robuste Messer mit einer Klinge aus rostfreiem Edelstahl, die fest im Griff vernietet ist. Sie sollten gut gepflegt und nach dem Gebrauch rasch mit heißem Wasser abgespült werden.

Das Koch-Schlagmesser ist mit einer Klingenlänge von mehr als 20 cm das größte seiner Art. Es dient zum Hacken und Kleinschneiden von Kräutern und Gemüse, aber auch zum Zerteilen großer Fleischstücke. Die dicke, breite Klinge eignet sich auch zum Plattieren von Fleisch oder zum Zerdrücken von Knoblauchzehen und Wacholderbeeren.

Das Tranchiermesser, etwas kürzer und schmaler, ist ideal zum Aufschneiden von Bratenstücken.

Das Office- oder Gemüsemesser wird zum Putzen und Zerkleinern von Gemüse, manchmal auch zum Parieren von Fleisch und für dekorative Muster und Formgebung verwendet.

Den Sparschäler gebraucht man ausschließlich zum Schälen von Obst und Gemüse mit festem Fruchtfleisch und zum Schneiden dünner Gemüsestreifen.

Die Geflügelschere ist besonders beim Zerkleinern der Karkassen für die Zubereitung eines Fonds von Vorteil. In Ermangelung leistet ein Küchenbeil Abhilfe.

Das Tranchierbrett sollte mit einer Saftrille versehen sein, damit kein Tropfen der köstlichen Flüssigkeit verloren geht. Auch beim Zerhacken von Knochen wird es verwendet.

Und damit Kochen zur ungetrübten Freude wird, gönnen Sie sich eine leistungsstarke und vielseitig einsetzbare Küchenmaschine. Egal ob Sie eine Sauce pürieren, die Farce für eine Terrine herstellen oder schlicht Zwiebeln hacken, sie trägt in jedem Fall zu einer nicht zu unterschätzenden Zeit- und Arbeitsersparnis bei.

Ausnehmen, Zerwirken und Tranchieren

Einige der folgenden Handgriffe werden Ihnen unbekannt sein. Sollten Sie unsicher sein, scheuen Sie sich nicht, Ihren Wildhändler um fachkundigen Rat zu bitten.

AUSNEHMEN VON FEDERWILD

Hühnervögel und größeres Federwild wie Fasan, Rebhuhn oder Taube werden vom Schwanzende her ausgenommen. Zunächst den Vogel am Kopf und an den Schenkeln festhalten und über einer Flamme etwaige Federreste absengen. Den Vogel auf ein Brett legen und mit dem Kochmesser die Unterschenkel oberhalb des Kniegelenks abtrennen (Abb. 1). Sie können sie auch durch eine Drehbewegung im Gelenk abtrennen, um gleichzeitig die am Knochen entlanglaufenden Sehnen herauszuziehen.
Vom Rückgrat zum Kopf hin die Halshaut aufschneiden und rundum lösen. Den Vogel umdrehen. Den Kropf mitsamt der Speiseröhre im Ganzen herausziehen (Abb. 2).
Den Bauch vom After bis zum unteren Ende des Brustbeins aufschneiden. Zwei Finger in die Bauchhöhle einführen und das Gescheide sowie die Innereien behutsam lösen und herausziehen. Darauf achten, dass der Darm und die an der Leber sitzende Gallenblase nicht verletzt werden. Tritt dennoch bittere Gallenflüssigkeit aus, die Leber und das betroffene Fleisch entfernen und den Vogel von innen gründlich waschen. (Tauben haben keine Gallenblase.)

GEFLÜGEL DRESSIEREN

Für einen 1,5 kg schweren Vogel ein 60 cm langes Stück Küchengarn abschneiden. Das Garn in der Mitte greifen und in Form einer Acht um die Keulen schlingen (Abb. 3). Die Schnurenden unter den Keulen entlang zum Halsende führen. Unter den Flügelspitzen entlangziehen, die Flügel auf dem Rücken verschränken und mit der Halshaut festbinden. Den Faden fest verknoten (Abb. 4).

GEFLÜGEL ZUM FÜLLEN ENTBEINEN

Den Vogel mit der Brustseite nach unten auf ein Brett legen. Zu beiden Seiten des Rückgrats vom Hals bis zum Bürzel einschneiden und behutsam die Haut und das Fleisch von der Karkasse lösen (Abb. 5). Die Gelenke an Flügeln und Oberschenkeln durchtrennen. Die Karkasse Stück für Stück herauslösen und das Gabelbein entfernen (Abb. 6).

GEFLÜGEL ZERLEGEN

Den Vogel mit der Brustseite zu Ihnen auf die Seite legen. Mit einem Messer die Haut zwischen Schenkel und Brust durchschneiden, den Schenkel nach außen biegen und bis zum Gelenk lösen. Das Gelenk vollständig durchschneiden und den Schenkel vom Rumpf abtrennen (Abb. 7). Mit dem anderen Schenkel in gleicher Weise verfahren. Die Rippen von der Brust lösen und mit dem Rückenknochen in einem Stück herausschneiden. Die Brusthälften mit den Flügeln in der Mitte durchtrennen. Bei großen Vögeln können Sie zusätzlich Ober- und Unterschenkel sowie Brusthälften und Flügel voneinander trennen. Gegartes Geflügel wird auf die gleiche Weise tranchiert. Verwenden Sie eine Tranchiergabel zum Festhalten der Fleischstücke.

HASE ODER KANINCHEN ZERWIRKEN

Den Hasen auf den Rücken legen, Leber und Nieren beiseite legen. Mit einem Schlagmesser den Kopf abtrennen. Läufe und Keulen an den Gelenken durchtrennen und vom Rumpf lösen. Zum Portionieren des Rückens mit dem Messer die gewünschten Trennstellen vorzeichnen und mit dem Küchenbeil oder Schlagmesser quer in Stücke zerteilen (Abb. 8). Kaninchenknochen lassen sich schwer brechen. An den spitzen Splittern kann man sich leicht verletzen. Sortieren Sie also vor der Zubereitung die gefährlichen Knochenstücke aus und geben Sie ihren Haustieren keine Kaninchenknochen zu fressen.

KOTELETTSTÜCK VOM WILDSCHWEIN TRANCHIEREN

Das Kotelettstück auf ein Brett legen und mit einem Tranchiermesser zwischen den Rippen bis zum Rückenknochen einschneiden. Mit einem Küchenbeil oder schweren Schlagmesser durchhacken (Abb. 9).

WILDSCHWEIN- ODER REHKEULE TRANCHIEREN

Die Keule an dem in Alufolie oder in eine Manschette gewickelten Knochen festhalten und mit der Nuss nach unten auf ein Brett legen. Mit einem Tranchiermesser in Längsrichtung dünne Scheiben herunterschneiden (Abb. 10). Sobald Sie den Knochen erreicht haben, die Keule umdrehen und lotrecht zum Knochenende fortfahren (Abb. 11). Zuletzt das am Unterschenkel sitzende Haxenfleisch – das beste Stück! – ablösen.

SATTELSTÜCK VOM REH ODER HIRSCH TRANCHIEREN

Den Sattel auf ein Brett legen. Die Bauchlappen abtrennen und tranchieren (Abb. 12). Die Rückenfilets zu beiden Seiten des Rückgrats dicht am Knochen losschneiden und horizontal in Scheiben schneiden (Abb. 13). Den Sattel umdrehen und die unter dem Rückenknochen liegenden kleinen Filets auslösen.

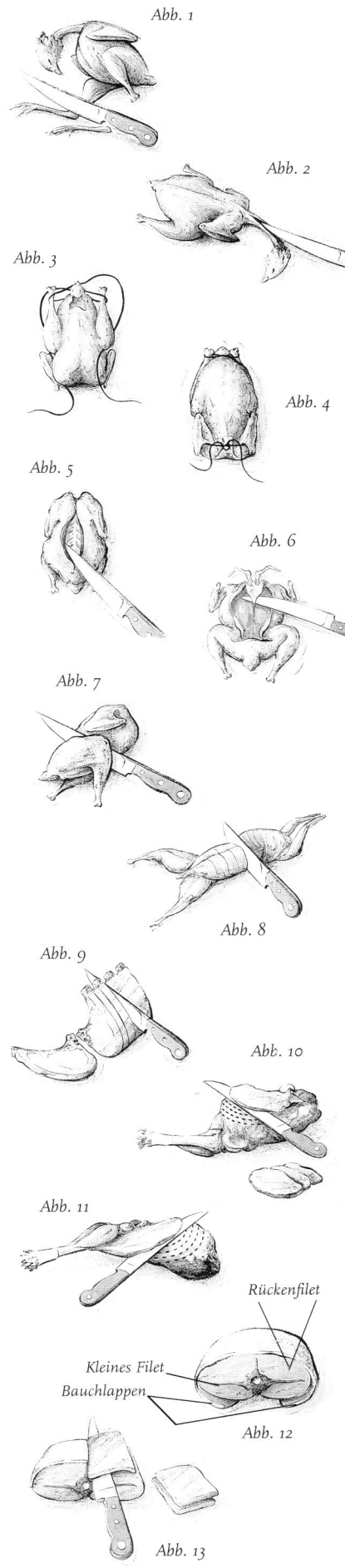

Abb. 1

Abb. 2

Abb. 3

Abb. 4

Abb. 5

Abb. 6

Abb. 7

Abb. 8

Abb. 9

Abb. 10

Abb. 11

Rückenfilet

Kleines Filet

Bauchlappen

Abb. 12

Abb. 13

Das Marinieren oder Beizen

Eine aromatische Marinade (Beize) mit Gemüse und verschiedenerlei Kräutern und Gewürzen kann das Wildbret noch schmackhafter machen, sie wird häufig auch beim Garen mitverwendet. Die Marinierdauer ist heute erheblich kürzer als früher, denn seit es Kühlschränke gibt, dient die Beize nicht mehr der Haltbarmachung, auch nicht zum Überdecken eines allzu intensiven Wildgeschmacks, sondern zum Zartmachen des Fleisches oder bei Zuchttieren auch zur Steigerung des charakteristischen Eigengeschmacks. Sie wird niemals gesalzen.

Das Garen

Das Fleisch jüngerer Tiere eignet sich besonders zum Braten im Ofen und zum Kurzbraten. Stammt das Wildbret von älteren Tieren, empfiehlt es sich, das Fleisch zu beizen und anschließend zu schmoren. Obwohl Profiköche immer noch auf Gas schwören, ist beim Anbraten des Fleisches in erster Linie darauf zu achten, dass das Kochgeschirr sehr heiß ist. Mariniertes Fleisch sollte zuvor gut abgetropft werden. Gesalzen und gepfeffert wird das Fleisch erst unmittelbar vor der Zubereitung. Haarwild wird vielfach vor dem Braten gespickt, Geflügel mit Speckscheiben umwickelt (bardiert). Ich verwende zum Braten in Ofen oder Pfanne Öl und Butter ebenso wie Gänse- oder Entenschmalz.

Das Kochgeschirr

Für eine gleichmäßige Hitzeverteilung sollten Töpfe und Pfannen mit einem dicken Boden ausgestattet sein. Ein gusseiserner Schmortopf von ovaler Form ist in der Küche ebenfalls unerlässlich. Stimmen Sie bei der Wahl Ihres Kochgeschirrs das Material auf die Art Ihres Herdes ab. Nicht alle Materialien sind beispielsweise für Glaskeramik- oder Induktionsherde geeignet. Terrinen werden oft in der Form serviert. Wählen Sie also eine ansprechende Form, vorzugsweise aus Steingut. Sie können zum Abdecken der Terrine während des Garens auch Alufolie verwenden und den Deckel erst zum Servieren aufsetzen.

Garmethoden

„Koch wird man, doch als Rôtisseur wird man geboren", so heißt ein uraltes Sprichwort. Tatsächlich galt es früher als Kunst, ein Stück Wild im Ganzen fachgerecht aufzuspießen und über dem offenen Feuer zu grillen. Heute ist diese Zubereitungsmethode eher selten geworden. Ihnen sollte ein funktionstüchtiger Herd mit Ofen genügen, um – nicht zuletzt mit der Hilfe und den Anregungen dieses Buches – ein schmackhaftes Wildgericht zu bereiten. Das meiste Wild wird vor der Zubereitung in Stücke zerteilt. Kleinerem Wildgeflügel bekommen die Gartechniken wie Kurzbraten in der Pfanne oder Poëlieren besser als stundenlanges Schmoren. Dabei wird das Fleisch gewürzt und dann mit wenig Fett bei lebhafter Hitze zunächst rasch angebraten. Die anschließende Garzeit richtet sich nach der Qualität und dem Alter des Wildbrets.

Braten im Ofen

Beim Braten im Ofen wird das Wildbret in einen gefetteten Bräter oder Schmortopf eingesetzt, in der Regel unter Zugabe von Flüssigkeit. Das Vorheizen des Ofens ist vor allem bei Geflügel nicht nötig. Nach einiger Zeit erhöht man die Ofentemperatur, damit das Fleisch eine schöne braune Kruste bekommt. Dabei den Braten immer wieder mit dem Bratenfett beziehungsweise der Garflüssigkeit übergießen und darauf achten, dass das Fleisch nicht zu schnell bräunt oder austrocknet. Gegebenenfalls wenden und die Temperatur wieder herunterstellen. Vor dem Tranchieren sollte das Fleisch 10 bis 15 Minuten im ausgeschalteten Ofen oder in Alufolie verpackt ruhen, damit sich der Fleischsaft verteilt und beim Anschneiden nicht herausfließt. Speichert der ausgeschaltete Ofen die Hitze zu gut, einfach die Garzeit verkürzen oder das Fleisch aus dem Ofen nehmen und abdecken, um ein Übergaren zu vermeiden.

Zur Garprobe das Fleisch mit der Messerspitze einstechen. Tritt blutiger Saft aus, den Garvorgang fortsetzen. Ist der austretende Saft klar, ist das Fleisch gar. Die sicherste Kontrolle erfolgt mit dem Fleischthermometer. Das Fleisch sollte eine Kerntemperatur von 80 °C haben.

Schmoren im Topf

Ein älterer zerteilter Hase von etwa 4 Kilogramm oder das Fleisch eines Wildschweins von mehr als 40 Kilogramm benötigt beim Schmoren in der eigenen Marinade mehrere Stunden zum Garwerden. Das Garen im Ofen ist nicht erforderlich. Es genügt, den Topf zu drei Vierteln zu bedecken und das Fleisch bei milder Hitze unter gelegentlicher Kontrolle sanft auf dem Herd schmoren zu lassen.

Tipps zum Kochen von Geflügelbrühe

Die Garflüssigkeit sollte zu Beginn nur leicht gesalzen und gepfeffert werden, da die Brühe im Anschluss noch reduziert wird und der Geschmack sich dabei konzentriert. Während der ersten 15 Minuten den sich bildenden Schaum regelmäßig abschöpfen, damit die Brühe nicht trübe wird.

Zum Entfetten die fertige Brühe in ein eiskaltes Wasserbad stellen und das sich an der Oberfläche absetzende Fett mit einer Kelle abnehmen und wegwerfen.

Das Geflügel können Sie in der erkalteten und entfetteten Brühe aufbewahren. Es hält sich so im Kühlschrank problemlos bis zu 48 Stunden.

Die Zubereitung eines guten Kalbs- oder Geflügelfonds nimmt viele Stunden oder sogar einen ganzen Tag in Anspruch. Qualitativ hochwertige Fertigprodukte bieten eine geeignete Alternative. Lesen Sie aufmerksam das Etikett, bevor Sie zugreifen.

Das Ablöschen (Deglacieren)

Das Ablöschen des nach dem Braten im Ofen oder auf dem Herd verbliebenen Bratensatzes ist häufig die Grundlage für die Zubereitung einer Sauce. Zunächst das Fleisch und etwaiges Gemüse aus dem Kochgeschirr nehmen, überschüssiges Fett abschöpfen und etwas Flüssigkeit (Wasser, Brühe, Wein, Essig oder Sahne) zugießen. Aufkochen und den am Boden haftenden Bratensatz mit einem Holzspatel losrühren.

Register

Kursiv gesetzte Stichwörter beziehen sich auf warenkundliche Beschreibungen.

Danksagung

Hervé Amiard bedankt sich bei allen, die bei der Realisierung der Fotos für dieses Buch geholfen haben (dazu gehörte manchmal sogar die Leihgabe einer Flinte): Charlou Reynal, Bernard Loiseau, Michel Husser, Jean-François Ferrie, Gaston Lenôtre, Serge Gille-Naves, Laurent Gras, Jean Lepage, Alain Senderens, Franck Cerruti, Bertrand und Hervé Giraudy, der großartigen Familie Prestat, Familie Laporte, Michel Douville, Jacques Simeon, Christian Amiard, J. P. Fleury, Monsieur Poujauran Père, Antoine Reille und Madame Xavier Bizard sowie allen Präsidenten der zahllosen Jagdvereine, deren Gastfreundschaft ich in den vielen Jahren genossen habe.

„Ich danke meiner Mutter für die vielen großartigen Feste, die sie meinem Vater bereitet hat, und für die Hilfe in der Küche, mit der sie heute mit gleicher Hingabe ihre Kinder, Enkel und Urenkel umsorgt. Meiner Freundin Myriam danke ich für ihre unermüdliche Unterstützung. Serge Moustier danke ich dafür, dass er der Lehrherr meines Sohnes Serge war."

Die Stilistin Marianne Paquin bedankt sich für die freundliche Unterstützung von *Portobello*, 56 rue Notre-Dame-de Champs, Paris 6; *Terre de Sienne*, 33 rue Vavin, Paris 6; und *L'Atelier Couleurs*, la Coispillère, Céton (61).

Bildnachweis, Seite 7, 18, 31, 36, 47 und 65: © Photothèque Hachette

Aus dem Französischen übersetzt von Helmut Ertl
Redaktion: Inken Kloppenburg Verlags-Service, München
Korrektur: Kristina Grasse
Umschlaggestaltung: Caroline Georgiadis
Herstellung: Dieter Lidl
Satz: Fotosatz Völkl, Puchheim

Copyright © 2001 der deutschsprachigen Ausgabe
by Christian Verlag, München
www.christian-verlag.de

Die Originalausgabe mit dem Titel *Saveurs de Chasse* wurde erstmals 2000 im Verlag Hachette Livre (Hachette Pratique), Paris, veröffentlicht.

Copyright © 2000 für den Text:
Hachette Livre (Hachette Pratique)
Copyright © 2000 für die Illustrationen:
Hachette Livre (Hachette Pratique)
Copyright © 2000 für die Stiche der Seiten 7, 18, 31, 36, 47 und 65: Photothèque Hachette

Vorwort: Gaston Lenôtre
Rezepte: Sylvie Lenôtre und Serge Gille-Naves
Fotos: Hervé Amiard
Zeichnungen: Anne Cinquanta
Grafische Gestaltung: Entwurf, Marc Walter–Chine;
Ausführung, Florence Cailly–Chine
Stilistin: Marianne Paquin

Herausgeber: Philippe Lamboley
Redaktion: Gérard Guicheteau

Druck und Bindung: Pollina, Luçon - n° L83911
Printed in France

Alle deutschsprachigen Rechte vorbehalten

ISBN 3-88472-499-1

HINWEIS

Alle Informationen und Hinweise, die in diesem Buch enthalten sind, wurden von den Autoren nach bestem Wissen erarbeitet und von ihnen und dem Verlag mit größtmöglicher Sorgfalt überprüft. Unter Berücksichtigung des Produkthaftungsrechts müssen wir allerdings darauf hinweisen, dass inhaltliche Fehler oder Auslassungen nicht völlig auszuschließen sind. Für etwaige fehlerhafte Angaben können Autoren, Verlag und Verlagsmitarbeiter keinerlei Verpflichtung und Haftung übernehmen.

Korrekturhinweise sind jederzeit willkommen und werden gerne berücksichtigt.